I0459575

EL PREMIO IMPOSIBLE

Una teología de la adicción

•

DONAVON RILEY

Prólogo por Chad Bird

El premio imposible: Una teología de la adicción
Donavon Riley

Prólogo por
Chad Bird

Publicado en © 2025 por
1517 Publicaciones
PO Box 54032
Irvine, CA 92619-4032

ISBN (Paperback) 978-1-964419-40-4
ISBN (Ebook) 978-1-964419-41-1

Traducido del libro *The Impossible Prize: A Theology of Addiction*
© 2024 New Reformation Publications
Publicado por 1517 Publishing
Traducción por Jeffrey Stevenson

Todos los derechos reservados. Ninguna porción de esta publicación puede ser reproducida, almacenada en un sistema de recuperación, o transmitida de ninguna forma ni por ningún medio —ya sea electrónico, mecánico, fotocopias, grabación u otros— sin el previo permiso de la editorial o una licencia que permita copia restringida.

Las citas bíblicas están tomadas de la Nueva Biblia de las Américas™ NBLA™, © 2005 por The Lockman Foundation.

Contenido

Prólogo

Al principio no lo reconocí. Había pasado una década y media desde la última vez que compartimos un techo. En lo que parecía otra vida, cuando éramos jóvenes, hacíamos escapadas nocturnas para comprar comida rápida, nos casamos con nuestras respectivas esposas y soñábamos con carreras brillantes. Y ahora aquí estábamos, ya con más de medio siglo de vida, con canas que salpicaban nuestros cabellos y cicatrices que habían marcado nuestras almas, parados cara a cara tras cruzarnos por casualidad en un aeropuerto.

Nos dimos la mano y nos abrazamos. Había pasado mucho tiempo. Su actitud era diferente, su forma de ser había cambiado, aunque al principio no podía precisar exactamente cómo. Pero durante las siguientes tres horas de conversación, lo supe. Ya lo había visto antes, de cerca y en carne propia, tanto en mi vida como en la de otros. Hace algunos años, mi amigo había llegado al final y, por primera vez en su vida, entendió que ese era su verdadero comienzo.

Como me sucedió a mí, su final llegó como un derrumbe. Llamábamos libertad a una vida arruinada por la esclavitud. Su adicción era a una cosa, la mía a otra, pero ambos iniciamos lo que creíamos que era un camino ancho y placentero, que a cada día se hacía más estrecho y profundo, hasta que al final nos vimos atrapados en un lugar oscuro, angosto y asfixiante del que parecía imposible escapar.

Ese fue el final. Y ese fue el comienzo.

El comienzo de lo que Donavon describe con claridad y brillantez en este libro. El comienzo de una honestidad brutal sobre las limitaciones humanas y el entendimiento de que los dulces cantos de sirena de los falsos dioses inevitablemente nos seducen hacia infiernos terrenales. El comienzo de encontrar significado y propósito, no en logros gloriosos, sino en la perseverancia constante a través de las pruebas. El comienzo de la libertad, una libertad verdadera y duradera, que no se encuentra en ingenuas nociones sobre el poder humano de superación, sino en ser alcanzados y elegidos por el amor inquebrantable de Dios, quien nos ancla a la cruz de su Hijo, cuya vida se convierte en la nuestra por gracia.

Esos comienzos están detrás de la puerta que lleva por nombre «el final». Y este libro te encontrará allí, no como una guía rápida para una vida sobria ni siquiera como un mapa hacia la recuperación, sino, como lo llama Donavon, «un compañero de viaje —un compañero en el arduo camino hacia la comprensión, la aceptación y, en última instancia, el abrazo de una gracia divina que supera los límites de nuestro esfuerzo humano». Este compañero de viaje conoce el terreno, los desafíos y las recaídas. Pero, más importante aún, lo que encontrarás aquí —y que no suele hallarse en la mayoría de los tratamientos convencionales sobre la adicción— es un análisis más profundo y penetrante de por qué somos como somos, por qué hacemos lo que hacemos y dónde está Dios en el campo de batalla de nuestras luchas para darnos lo que jamás podríamos alcanzar por nuestra cuenta.

La verdadera genialidad de este libro radica en que, en lugar de pretender ofrecer ideas novedosas, nos devuelve a lo antiguo, a lo que siempre ha estado ahí pero que se olvida con el tiempo, hasta que nos parece nuevo. La sabiduría antigua es así: siempre antigua, siempre nueva, porque desafía a cada generación de la humanidad sufriente con verdades que, una vez que las ves, te cuesta creer que alguna vez pasaron desapercibidas.

Y una vez que las ves, una vez que se infiltran en cada poro de tu ser, transforman radicalmente tu visión de ti mismo, de los demás y de Dios, poniéndote en línea con la realidad de la vida en un mundo caído y fracturado.

Este compañero de viaje nos presenta a personas reales en los antiguos textos de la Biblia, quienes llegaron a su propio final y, en ese punto, descubrieron un nuevo comienzo en la gracia transformadora de Dios. Aunque vivieron hace milenios, son como nuestros vecinos —y como nosotros. También probaron el amargo fruto de la adicción a dioses falsos; descubrieron su propia impotencia para cambiar por la mera fuerza de voluntad; aprendieron que en las luchas nos acercamos más a Dios; experimentaron la dolorosa pero fructífera guerra civil que se libra en nuestro interior; y, para su sorpresa y gozo, en lugar de ser condenados al rechazo de un Dios airado, fueron envueltos en su amor perdonador y anclados a una esperanza que desafía toda expectativa.

Hoy, en el puente entre estos antiguos personajes y nuestras vidas, está Martín Lutero, cuyas ideas dan

forma y estructura a este libro. Aunque vivió y ense-
ñó hace quinientos años, Lutero describe con tal pre-
cisión la realidad atemporal detrás de nuestras luchas
modernas con la adicción que parecería que pasamos
horas cada semana confesándole nuestra alma al otro
lado de una mesa en Alemania. Nos conoce porque
se conocía a sí mismo; conocía nuestra naturaleza
humana común y la esclavitud de nuestra voluntad.
Pero, sobre todo, Lutero mismo fue rescatado del
abismo de la desesperación por la mano de un Dios
misericordioso, quien le dio vida, salvación y esperanza en Jesús. Y es hacia Jesús adonde Lutero nos dirige,
para que en él también encontremos que somos elegidos y amados por Dios.

Durante muchos años, he anhelado un libro,
aquel que pudiera poner en las manos de un amigo,
un familiar o un desconocido que estuviera luchando
contra la oscuridad de la adicción; un libro que fuera,
al mismo tiempo, accesible, bíblico y teológico, y que
ofreciera un enfoque holístico de la adicción. Ese libro
ha sido escrito. Se titula *El premio imposible*.

Que sea, para todos los que hemos llegado al final
y lo hemos encontrado como el comienzo, un compañero de viaje que reajuste nuestras vidas para creer,
luchar, orar y avanzar, por más titubeante que sea
nuestro paso, por más veces que caigamos en el camino, en la única dirección que lleva a la esperanza y la
sanidad —hacia Jesús, el amigo de los pecadores.

Chad Bird
Investigador residente en 1517

«Adicción»

Día tras día, le sonreía y guiñaba el ojo a mi destrucción,
buscando consuelo en la neblina entumecedora que traía.
Pero bajo la superficie, sentía marchitarse mi espíritu,
y la chispa de esperanza en mí comenzaba a pudrirse.

Entonces, en la hora más oscura, cuando todo parecía perdido,
escuché un grito entre el caos y los rostros atormentados.
Una voz firme que llamó mi nombre,
prometiendo libertad de esta interminable medianoche.

Era Jesús quien extendía su mano,
su amor desgarrando el gélido agarre de la adicción.
Con gracia y misericordia, me atrajo hacia él,
y en su presencia, encontré una gracia salvadora.

Sanó mis heridas con su toque sanador,
su luz exorcizó las sombras, exponiendo mis demonios.
Con cada paso, me guio hacia la sobriedad,
renovando mi espíritu y limpiando mi pecado.

Ya no seducido por la fría caricia de la adicción,
camino por una senda de redención y esperanza.
A través de su amor, encuentro la fuerza para vencer,
para elevarme por encima de las luchas y aprender a vivir.

Aunque las cicatrices quedan como recuerdos del pasado,
estoy envuelto en su divina gracia.
Porque Jesús, mi Salvador, me ha liberado,
y su amor sigue siendo mi abrazo eterno.

Donavon L. Riley

Prefacio

En la cruda realidad de la adicción, donde el alma lucha contra las sombras de la desesperanza, el camino hacia la sobriedad parece la búsqueda de un premio imposible. Por eso, este libro lleva por título *El premio imposible*. Esta frase captura la esencia paradójica de esta exploración: una búsqueda de sobriedad y cordura que, por nuestros propios medios, resulta inalcanzable, pero que, cuando es concedida por Dios, se vuelve profundamente transformadora. Al adentrarnos en *El premio imposible*, emprendemos una odisea teológica, una reflexión sobre la compleja maraña de la adicción y la inagotable gracia de Dios, que trasciende nuestras limitaciones humanas.

La adicción, con su implacable dominio, a menudo nos distrae con la ilusión de la autosuficiencia. Nos seduce con el engaño de vivir bajo nuestras propias reglas, con nuestras propias fuerzas, y de celebrar nuestros logros, una empresa fútil que solo evidencia la incapacidad inherente del esfuerzo humano para lograr una verdadera recuperación. En el ámbito de la adicción, el destino llamado «recuperación» se muestra siempre esquivo, reemplazado por una peregrinación diaria marcada por la fe y la dependencia de Dios.

Este libro es un faro en la oscuridad, que ilumina los fundamentos teológicos de la adicción y la recuperación. En estas páginas, el lector se enfrentará a la cruda verdad de que la lucha contra la adicción no es meramente una batalla de fuerza de voluntad ni un juego psicológico de estrategia; es una guerra espiritual, un choque entre las fuerzas de la desesperanza y la gracia redentora de un poder superior.

El premio imposible invita a los lectores a un diálogo profundo con sus propias vulnerabilidades, instándolos a abandonar la búsqueda inútil de soluciones autoimpuestas y, en su lugar, volver la mirada hacia lo divino.

En el centro de esta exploración se encuentra el reconocimiento de que la adicción, como un adversario implacable, no puede ser superada únicamente con el esfuerzo humano. Requiere una humildad concedida por Dios, el reconocimiento desesperado de nuestra necesidad de un poder mayor que nosotros mismos para guiarnos hacia la sobriedad y la cordura. A través de reflexiones teológicas, navegamos el complejo terreno de la rendición, el arrepentimiento y la obra transformadora de la gracia. En este contexto, la teología se convierte en una brújula que nos orienta en medio de las complejidades de la adicción, ayudándonos a discernir las corrientes espirituales que alimentan nuestras luchas.

Sin embargo, este no es un viaje marcado solo por sombras; es un testimonio de la esperanza inquebrantable que se encuentra en la fe. El lector explorará las profundas implicaciones de reconocer la adicción no como una señal de fracaso moral, sino como una manifestación de la muerte espiritual inherente a la condición humana. *El premio imposible* redefine la narrativa, al reemplazar el lenguaje estigmatizante de la vergüenza con el compasivo lenguaje de la gracia.

A lo largo del libro, el lector se sumergirá en relatos bíblicos que resuenan con las luchas de la adicción: desde el hijo pródigo que anhela la restauración hasta el hombre encadenado que es liberado por el toque compasivo de Cristo. Estas historias son espejos conmovedores que reflejan la experiencia humana universal de buscar un premio inalcanzable, solo para descubrir que es entregado gratuitamente por un Dios misericordioso.

A medida que navegamos estas aguas teológicas, *El premio imposible* también invita a los lectores a enfrentar la incómoda realidad de que la adicción no siempre se vence, sino que, a menudo, se sobrelleva. Nos desafía a redefinir la victoria, desplazando el enfoque de la erradicación de la lucha hacia la perseverancia fiel dentro de ella. A través de la exploración teológica, desenterramos la profunda verdad de que la recuperación no es una meta final, sino un reconocimiento continuo de nuestra dependencia de la gracia sustentadora de Dios.

Los siguientes capítulos profundizan en los matices de la teología y la adicción, desenredando los hilos que las entrelazan en una danza compleja. Exploramos el poder transformador de la comunidad, la naturaleza sacramental de la recuperación y la teología de la rendición. *El premio imposible* no es un mapa de ruta, sino un compañero de viaje —un peregrino más en el arduo camino hacia la comprensión, la aceptación y, en última instancia, el abrazo de una gracia divina que trasciende los límites de nuestro esfuerzo humano.

Introducción

Ustedes no han sufrido ninguna tentación que
no sea común al género humano. Pero Dios es
fiel y no permitirá que ustedes sean tentados
más allá de lo que puedan aguantar. Más bien,
cuando llegue la tentación, él les dará también
una salida a fin de que puedan resistir.

—1 Corintios 10:13

La adicción es un problema complejo que ha afecta-
do a la humanidad durante siglos. Muchas personas
que luchan contra una adicción encuentran grandes
dificultades para liberarse de su dominio, recurriendo
a diversas formas de tratamiento en busca de superarla. Sin embargo, la adicción no es solo un padeci-
miento físico, sino también un problema espiritual y,
como tal, requiere una comprensión profunda tanto
de la condición humana como de la voluntad divina.
En este libro, exploraremos cómo las enseñanzas del
teólogo Martín Lutero, del siglo XVI, pueden ayudarnos a comprender y explicar la adicción, así como a
encontrar, a través de su perspectiva, una nueva vida y
esperanza mediante la recuperación y la sobriedad en
la actualidad.

Las enseñanzas de Lutero ofrecen una perspectiva única sobre la adicción, permitiéndonos captar su dimensión espiritual. Su teología se fundamenta en su comprensión de la condición humana y la naturaleza del pecado, al que veía como una fuerza omnipresente que afecta a todos los aspectos de la vida. En este sentido, la adicción puede entenderse como una extensión de esta realidad humana básica, en la que las personas recurren a sustancias o comportamientos como falsos dioses, buscando un alivio temporal ante el dolor y el sufrimiento de la vida.

Las ideas de Lutero también pueden ayudarnos a comprender por qué la adicción puede ser tan difícil de superar y cómo puede llevar a una sensación de impotencia y desesperación. Sus enseñanzas sobre el poder transformador de la gracia y la soberana voluntad de Dios pueden brindar esperanza a quienes luchan contra la adicción, recordándoles que su salvación depende, en última instancia, de la gracia de Dios en Jesucristo, y no de sus propios esfuerzos.

Además, las reflexiones de Lutero sobre lo que significa ser un teólogo de la cruz pueden proporcionar un marco para comprender el poder transformador del sufrimiento en la fe, un aspecto esencial en la recuperación de la adicción. En este proceso, las personas deben enfrentar su dolor y sufrimiento de manera directa para superar su adicción, y las enseñanzas de Lutero pueden ayudarnos a comprender cómo funciona este proceso. Al abrazar la cruz, las personas encuentran una nueva vida y esperanza en medio de sus luchas y aprenden a ver su adicción no como una maldición, sino como una oportunidad para fortalecer su relación con Jesucristo y aumentar su compasión hacia los demás.

Las enseñanzas de Martín Lutero sobre la naturaleza de Dios, el pecado y la redención ofrecen valiosas perspectivas sobre la adicción y la recuperación. Nos ayudan a comprender mejor las dimensiones espirituales de esta lucha compleja y desafiante. Así, en los siguientes capítulos, exploraremos cómo las enseñanzas de Lutero nos permiten reconocer que la adicción es más que una simple afección física o mental: es un falso dios. Del mismo modo, su teología nos ayuda a comprender plenamente la esclavitud de la adicción, la importancia de la teología de la cruz en la recuperación, la dicotomía entre la fe y la adicción, la relevancia de la elección de los pecadores por parte de Dios a través de su Palabra y los sacramentos en el proceso de recuperación, y cómo las enseñanzas de Lutero sobre la vocación pueden ayudar a las personas en recuperación a encontrar significado y propósito en sus vidas. Así, el libro se desarrollará de la siguiente manera:

Capítulo 1: La definición de Lutero de un falso dios y la adicción

Para resumir la explicación de Lutero sobre el Primer Mandamiento en el *Catecismo Menor*, un dios es aquello que tememos, amamos y en lo que confiamos por encima de todo. En el caso de la adicción, podemos ver cómo las personas recurren a sustancias o comportamientos como falsos dioses, buscando consuelo, alivio y una vía de escape de sus problemas. Encuentran un alivio temporal en su adicción, pero esta, en última instancia, fracasa en proporcionar una paz o felicidad duraderas. Comprender la adicción desde esta perspectiva nos ayuda a captar la gravedad del problema y a empezar a identificar formas de abordarlo.

Capítulo 2: La esclavitud de la voluntad según Lutero y la adicción

En su tratado *La esclavitud de la voluntad*, Lutero argumenta que los seres humanos son incapaces de salvarse a sí mismos de sus pecados y que solo pueden ser salvados por la gracia de Dios. La adicción suele estar marcada por un profundo sentido de impotencia, y la comprensión que Lutero tiene de la condición humana puede ayudarnos a entender mejor por qué la adicción es tan difícil de superar. Su énfasis en el papel de la gracia y el poder de la voluntad de Dios también puede brindar esperanza a quienes luchan contra la adicción.

Capítulo 3: La teología de la cruz según Lutero y la recuperación de la adicción

La teología de la cruz de Lutero enfatiza la importancia del sufrimiento y cómo este puede llevar a una fe renovada y a un cambio radical en la vida. En la recuperación de la adicción, las personas deben enfrentar su dolor y sufrimiento de manera directa para poder superarla, y las enseñanzas de Lutero pueden ayudarnos a comprender cómo funciona este proceso. Al abrazar la cruz, los individuos encuentran una nueva vida y esperanza en medio de sus luchas, aprendiendo a ver su adicción no como una maldición, sino como una oportunidad para disfrutar de una relación más cercana con Jesucristo y experimentar una vida nueva y sobria.

Capítulo 4: La formulación de *simul iustus et peccator* de Lutero y la adicción

La enseñanza de Lutero sobre el cristiano como *simul iustus et peccator* —simultáneamente justificado y pecador— nos ayuda a comprender la dicotomía entre la fe y la adicción. La adicción puede hacer que las personas se sientan irredimibles o indignas del amor de Dios, pero las enseñanzas de Lutero nos recuerdan que incluso los creyentes más fieles siguen siendo pecadores. Esta comprensión puede ayudar a quienes luchan contra la adicción a reconocer que no están solos en sus batallas y que la gracia de Dios en Jesucristo está disponible para ellos, sin importar su situación.

Capítulo 5: Las enseñanzas de Lutero sobre la elección, los sacramentos y la adicción

El énfasis de Lutero en la elección de Dios y en los sacramentos puede brindar esperanza a quienes luchan contra la adicción. Los individuos reciben la gracia y el perdón de Dios a través de los predicadores del Espíritu Santo y los sacramentos. La enseñanza de Lutero sobre la elección nos recuerda que Dios nos ha escogido a pesar de nuestra pecaminosidad, incluso cuando nos consideramos los peores de los pecadores. Esto puede ayudar a quienes luchan contra la adicción a ver en la cruz de Cristo que son amados y escogidos por Dios, y que en sus luchas pueden encontrar esperanza.

La misión de este libro es dejar claro que los adictos no son personas condenadas a estar en manos de un Dios airado. No están destinados a morir como casos sin esperanza. Los adictos son los hombres y mujeres por quienes Jesús murió en la cruz para liberarlos del pecado, la muerte y el diablo, lo que incluye morir por su adicción y por todo el daño que esta ha causado en sus vidas y en la vida de otros. Un adicto, como cualquier pecador, es una persona a quien Dios envía un predicador para anunciarle: «Por causa de Jesús, eres perdonado. Ve en paz».

Capítulo 1

La definición de Lutero de un falso dios y la adicción

> ¿Qué es realmente la adicción? Es una señal, un aviso, un síntoma de angustia. Es un lenguaje que nos habla de una situación difícil que debe ser comprendida.
>
> —Alice Miller, *Breaking Down the Wall of Silence: The Liberating Experience of Facing Painful Truth*

Parte 1: ¿Qué es la adicción?

La adicción se define como un trastorno crónico y recurrente caracterizado por la búsqueda y el consumo compulsivo de drogas a pesar de las consecuencias perjudiciales. Implica cambios en los circuitos de recompensa, motivación y memoria del cerebro, lo que puede llevar a un comportamiento incontrolable de búsqueda y consumo de drogas.[1]

---

[1] National Institute on Drug Abuse, 2020.

Según el *Manual diagnóstico y estadístico de los trastornos mentales*, quinta edición (*DSM5*), de la Asociación Estadounidense de Psiquiatría, la adicción se caracteriza por varios aspectos clave, entre ellos, la incapacidad de controlar el consumo de drogas, el uso continuado a pesar de las consecuencias negativas y la aparición de síntomas de abstinencia al suspender el consumo.[2]

Además, la adicción puede llevar a una dependencia física y psicológica de las drogas u otras sustancias, lo que puede hacer que las personas prioricen su consumo sobre otros aspectos de sus vidas, como el trabajo, la escuela o las relaciones.[3]

En términos generales, la adicción es un trastorno complejo y multifacético que puede tener consecuencias graves para los individuos, las familias y las comunidades. Por lo tanto, se requiere un enfoque integral para el tratamiento y la prevención que aborde los factores biológicos, psicológicos y sociales que contribuyen a su desarrollo y mantenimiento.

Además, el texto básico de Alcohólicos Anónimos, titulado *Alcohólicos Anónimos* (también conocido como *El Libro Grande*), describe la adicción al alcohol como una compulsión física y mental por beber, resultado de una reacción anormal al alcohol. Es decir, el individuo no puede diferenciar entre un consumo normal y uno excesivo. *El Libro Grande* señala: «Aquí tenemos al individuo que te ha motivado la confusión, especialmente por su falta de control. Hace cosas absurdas, increíbles o trágicas mientras está bebiendo.

---

[2] American Psychiatric Association, 2013.
[3] Organización Mundial de la Salud, 2018.

Es un verdadero "Dr. Jekyll y Mr. Hyde" (El Hombre y el Monstruo)».[4]

Pero ¿por qué? ¿Por qué el alcohólico se comporta de esta manera? *El Libro Grande* continúa explicando que:

> «Y la verdad, extraño como parezca, es que generalmente no tiene más idea que la que tú puedes tener de por qué bebió esa primera copa. Algunos bebedores tienen pretextos con los que se satisfacen en ocasiones; pero en el fondo, realmente no saben por qué lo hacen. Una vez que esta enfermedad los domina, quedan desconcertados. Existe la obsesión de que, de alguna manera, algún día, lograrán vencer el problema. Pero a menudo sospechan que ya han sido derrotados».[5]

El Libro Grande también describe la adicción como una enfermedad progresiva que puede llevar al deterioro físico, mental y espiritual. Esto se debe, en parte, al hecho de que, con el tiempo, la tolerancia del individuo al alcohol aumenta, lo que lo lleva a beber cada vez más para lograr el mismo efecto. Esta tolerancia es un fenómeno físico por el que el cuerpo se adapta a la presencia del alcohol y requiere cantidades cada vez mayores para producir el mismo efecto. Esto puede generar un peligroso ciclo de consumo creciente y daño físico.

En términos generales, *El Libro Grande* de Alcohólicos Anónimos presenta la adicción de manera similar a las descripciones mencionadas

---

[4] *Alcoholics Anonymous: The Story of How Many Thousands of Men and Women Have Recovered from Alcoholism* (Servicios Mundiales de Alcohólicos Anónimos, Inc., 2008), p. 20.

[5] Ibid., p. 22.

anteriormente: como un fenómeno complejo y multifacético que involucra factores tanto físicos como mentales. Al igual que en las definiciones previas, *El Libro Grande* enfatiza la importancia de la abstinencia como la única solución efectiva a la adicción y ofrece un marco para que las personas logren y mantengan la sobriedad.

Pero ¿qué hay del alma del adicto? ¿Cómo se recupera lo que parece perdido y no puede ser alcanzado por manos humanas? ¿Van lo suficientemente profundo estas definiciones estándar y aceptadas de la adicción como para explicar sus raíces?

Parte 2: Cómo la adicción se convierte en nuestro dios

¿Qué pasaría si consideráramos otro enfoque para entender la adicción, uno que comience con una explicación teológica? ¿Qué pasaría si empezáramos por admitir que nuestra adicción va más allá de la dependencia física y psicológica? ¿Y si comenzáramos confesando que aquello a lo que somos adictos se ha convertido en nuestro dios?

En la Biblia, por ejemplo, encontramos una imagen de cómo la adicción puede convertirse en un dios. El apóstol Pablo, en su carta a los cristianos en Roma, escribe: «Intercambiaron la verdad de Dios por la mentira, y adoraron y sirvieron a los seres creados antes que al Creador, quien es bendito por siempre. Amén» (Ro 1:25). En este versículo, el apóstol describe cómo las personas pueden enfocarse tanto en las posesiones materiales o en los placeres físicos que terminan adorándolos y sirviéndolos en lugar de al Dios verdadero.

Otro ejemplo se encuentra en la historia de los israelitas en el libro de Éxodo, donde se alejan de Dios y comienzan a adorar a un becerro de oro que han fabricado. Este ídolo se convierte en el centro de su adoración, y están dispuestos a sacrificar por él, incluso desobedeciendo deliberadamente el mandato de Dios: «No tengas otros dioses además de mí» (Ex 20:3).

Estos ejemplos demuestran cómo, cuando nos volvemos adictos a algo, podemos fácilmente priorizarlo sobre el Dios verdadero y permitir voluntariamente que se convierta en nuestro dios. La adicción puede llevarnos a adorar y servir a algo que no es Dios, lo que, en última instancia, nos aleja de la verdad sobre Dios, sobre nosotros mismos y sobre la naturaleza de nuestra adicción, llevándonos a elecciones repetitivas, autodestructivas y que sabotean nuestro bienestar.

Añadiendo a las enseñanzas bíblicas previas, cuando observamos la adicción a la luz de la definición de un dios según Martín Lutero —un dios es aquello que tememos, amamos y en lo que confiamos por encima de todas las cosas— nos encontramos con una verdad impactante: tememos, amamos y confiamos en algo más que en el Dios que nos creó y nos redimió.[6] Entonces, reconocemos que la adicción no solo implica un apego poderoso a una sustancia o comportamiento que toma prioridad sobre otros aspectos de la vida, sino que también nos aleja de la fuente de nuestra salud y bienestar integral.

---

[6] Martín Lutero, «Catecismo Menor de Lutero», en *The Book of Concord: The Confessions of the Evangelical Lutheran Church*, ed. Robert Kolb y Timothy J. Wengert (Fortress Press, 2000), p. 351.

Si comenzamos nuestro análisis de la adicción desde esta perspectiva, rápidamente nos damos cuenta de que es más que una aflicción física o psicológica. Es una forma de adoración o devoción, ya que los pensamientos, acciones y emociones del individuo quedan cautivos en la búsqueda de satisfacer su ansia o dependencia.

En la adicción, el temor, el amor y la confianza se centran en la sustancia o comportamiento adictivo. La persona puede temer las consecuencias de no tener acceso a su adicción, amar las sensaciones eufóricas o el escape que le proporciona, y confiar en que le dará alivio del dolor emocional o el malestar físico. Con el tiempo, la sustancia o el comportamiento adictivo se convierte en una fuente de seguridad y consuelo, y la persona queda profundamente atrapada en su apego, dependiendo cada vez más de un dios caprichoso e implacable.

Esta dinámica de temor, amor y confianza forma el trasfondo de cada interacción entre Dios y su pueblo en la Biblia. En la historia del rey Saúl en 1 Samuel 15, Dios le ordena a Saúl destruir por completo a los amalecitas, pero Saúl desobedece y perdona la vida de su rey, además de conservar lo mejor del ganado. Cuando el profeta Samuel lo confronta por su desobediencia, Saúl responde diciendo que temió al pueblo y escuchó su voz en lugar de obedecer al mandato de Dios. Como resultado de su desobediencia y su miedo a la gente, Dios lo rechaza como rey.

De manera similar, en el relato del joven rico en Marcos 10:17-27, un hombre materialmente próspero le pregunta a Jesús qué debe hacer para heredar la vida eterna, y Jesús le dice que venda todo lo que tiene y lo dé a los pobres. Sin embargo, el joven ama más sus posesiones que a Dios, por lo que se marcha triste y no sigue a Jesús.

Y no somos diferentes, aunque nos separen más de dos mil años del joven rico y de Saúl. En el presente, el componente de temor en la adicción también se manifiesta en la ansiedad y la angustia que los adictos experimentan cuando no pueden involucrarse en su comportamiento adictivo. Por ejemplo, una persona adicta al alcohol puede sentir una ansiedad extrema y un profundo miedo cuando no logra conseguir su próxima bebida. De manera similar, alguien adicto al juego puede experimentar un intenso pánico cuando no puede hacer una apuesta o participar en actividades de apuestas.

Al igual que el temor, el componente de amor en la adicción se evidencia en la manera en que los adictos a menudo priorizan su comportamiento adictivo por encima de todo lo demás. Esto se puede ver en cómo los adictos sacrifican sus relaciones, sus carreras y otros aspectos importantes de sus vidas para seguir participando en su adicción. Una persona adicta a las drogas puede priorizar su consumo sobre su trabajo, su familia y su salud, incluso cuando esto conlleva consecuencias negativas graves.

Finalmente, confiar en algo más que en el Dios verdadero se refleja en la historia de los israelitas en Números 13–14. Dios les promete darles la tierra de Canaán, pero cuando los espías regresan de su misión de reconocimiento, diez de ellos presentan un informe negativo, lo que hace que el pueblo tema a los habitantes de la tierra y dude de la promesa de Dios. Como resultado de su falta de confianza, los israelitas no pueden entrar en la tierra prometida hasta después de haber vagado por el desierto durante cuarenta años.

Confiar en un dios falso se manifiesta de manera similar en la forma en que los adictos a menudo dependen de su comportamiento adictivo para encontrar consuelo o alivio de sus problemas. Esto se observa en cómo recurren a su adicción para sobrellevar el estrés, la ansiedad u otras emociones negativas. Por ejemplo, una persona adicta a la comida puede recurrir a los atracones como una forma de lidiar con el estrés o el dolor emocional, aun cuando esto tenga consecuencias negativas como el aumento de peso, problemas de salud y aislamiento social.

Así, como cualquier deidad falsa a la que acudimos en busca de ayuda, la adicción exigirá enormes sacrificios a quienes la adoran. El individuo descuidará responsabilidades importantes, relaciones y su propia salud para mantener su adicción. Incluso cuando las consecuencias negativas de la adicción se hagan evidentes, la persona seguirá priorizando su apego por encima de otros aspectos de su vida.

Tal como demuestran los ejemplos bíblicos anteriores, hay serias repercusiones cuando tememos, amamos y confiamos en algo más que en el Dios verdadero. Nos perdemos sus bendiciones y dejamos de recibir lo que él nos ha prometido porque evitamos buscar su guía y seguir su voluntad para nuestras vidas.

Por lo tanto, al considerar estos tres componentes de la falsa creencia y la adicción, la definición de Martín Lutero sobre lo que es un dios —temer, amar y confiar en algo más que en el Dios verdadero— es una descripción acertada de la adicción. Además, como escribe Lutero en el *Catecismo Mayor*: «Un "dios" es aquello a lo que debemos acudir para todo bien y en lo que debemos encontrar refugio en toda necesidad».[7]

Desde esta perspectiva, la adicción puede verse como un dios falso al que los adictos adoran y del que dependen, aunque hacerlo los lleve, en última instancia, a graves consecuencias negativas que dañan tanto al adicto como a quienes lo rodean. Al igual que con cualquier dios falso, la adicción no cumple sus promesas, arrastrando al adicto de la euforia y el escape del dolor y la lucha hacia la locura, la cárcel o la autodestrucción. Como consecuencia, las personas que padecen adicción descubrirán que su dependencia se vuelve cada vez más costosa, no solo en términos del daño que causa en sus propias vidas, sino también en las vidas de quienes los rodean. A medida que la adicción sigue exigiéndoles más y más, los adictos experimentarán un deterioro de su salud física y mental, relaciones tensas con sus seres queridos, dificultades financieras, problemas legales y, lo peor de todo, la sensación de que Dios los ha maldecido o abandonado.

Esta sensación de abandono puede llevar aún más a las personas a actuar en consecuencia, descuidando o incluso abandonando aquello que realmente valoran en la vida, como su fe, sus relaciones, su trabajo y su valentía moral. La adicción se convierte en el enfoque principal de su existencia, eclipsando todas las demás prioridades y valores, llevándolos finalmente por un camino desviado y haciéndolos perder de vista lo que

---

[7] Martín Lutero, «Catecismo Mayor de Lutero», en *The Book of Concord: The Confessions of the Evangelical Lutheran Church*, ed. Robert Kolb y Timothy J. Wengert (Fortress Press, 2000), p. 386.

realmente importa. Todo esto surge de su falsa adoración a un ídolo que exige que lo sacrifiquen todo, incluso sus propias vidas.

Parte 3: Cómo adoramos la adicción

La adoración es el acto de atribuir valor a algo o a alguien. Implica reconocer que algo o alguien es digno de nuestra devoción y admiración. Nos guste o no admitirlo, la adoración es fundamental para la naturaleza humana, pues está arraigada en nuestro deseo de encontrar significado y propósito.

En la Biblia, hay dos tipos de adoración: la verdadera y la falsa. La verdadera adoración consiste en atribuir valor a Dios, el único y verdadero Dios, el Padre todopoderoso, digno de toda nuestra devoción y adoración. La falsa adoración, por otro lado, es atribuir valor a algo o a alguien que no es el único Dios verdadero. Esta adoración falsa se llama idolatría, porque coloca a algo o a alguien en el lugar de nuestro Padre celestial.

Un ejemplo de esto lo vemos cuando los israelitas «hacían lo que bien les parecía» en los tiempos de los Jueces. Se apartaron de la adoración al Señor su Dios y se inclinaron en reverencia ante los altares de los baales y los postes de Asera. Esto los llevó a participar en toda clase de perversión espiritual y moral imaginable.

Pero ese es el camino de la falsa adoración. La adoración falsa lleva a ignorar las cosas que deberían ser prioridad en la vida, incluyendo la relación con Dios, las responsabilidades familiares y las obligaciones sociales. Se desvía rápidamente del orden divino, lo que interrumpe la armonía y el equilibrio que Dios ha establecido. Y, en última instancia, es una traición espiritual que impide a las personas vivir su llamado a amar y servir a Dios y a sus semejantes.

Esto se ilustra en Éxodo 29:3-4, cuando Dios prohíbe a Israel adorar ídolos u otros dioses además del único Dios verdadero, porque la falsa adoración llevaría al pueblo a descuidar lo que debería ser prioritario en su vida: su Dios, sus familias, sus amigos y sus responsabilidades. De manera similar, Jesús dice en Mateo 6:24 que nadie puede servir a dos señores: «Porque odiará a uno y amará al otro, o será leal a uno y despreciará al otro». Así como Dios advirtió a Israel en el desierto, Jesús advierte a sus oyentes del siglo I sobre el grave peligro de intentar servir a dos señores, es decir, a dos dioses.

De la misma manera, el adicto intentará finalmente servir tanto a su adicción como a su deseo de una vida sana y plena, pero, al final, la adicción ganará y consumirá al individuo. Sin embargo, este ídolo es astuto y engañoso, pues el objeto de adoración del adicto puede tomar muchas formas: drogas, alcohol, sexo, juego o comida. Pero, sin importar la forma que adopte, la adicción siempre es una fuerza poderosa que tiene un impacto devastador en la vida del adicto. La adicción conduce a problemas espirituales, físicos, psicológicos y sociales, ya que el adicto se vuelve cada vez más aislado y desconectado de las personas y actividades que antes le daban significado y propósito a su vida.

Por lo tanto, este enfoque de la adoración puede proporcionar un marco útil para comprender la adicción y su impacto en la vida del adicto. En su raíz, la adicción es una forma de adoración falsa, ya que el adicto está adorando a un dios falso. El objeto de su adicción ocupa el lugar de Dios en su vida, y la búsqueda del placer o del alivio se convierte en el centro de su existencia. Esta adoración falsa viola el mandamiento contra los dioses ajenos, porque el adicto ha colocado algo o a alguien en el lugar del Dios verdadero.

Por otro lado, la verdadera adoración implica reconocer que el Dios verdadero es un Dios de gracia y misericordia. Él es la fuente de todo valor y significado en la vida. Por lo tanto, para vencer la adicción como una forma de adoración falsa, es necesario reemplazar al dios falso de la adicción con el Dios verdadero, quien se revela a los pecadores en la cruz de Jesucristo. Luego, él los enriquece guiándolos a meditar en sus palabras en la Biblia, a la oración y a la asistencia a los cultos, donde sus predicadores proclaman la buena noticia del evangelio de Jesucristo, que perdona incondicionalmente a los pecadores.

Una vez más, vemos con claridad que el componente espiritual de la recuperación de la adicción es esencial para vencer la adicción como una forma de adoración falsa. Solo al reemplazar al dios falso de la adicción con el Dios verdadero, revelado en Jesucristo, el adicto puede encontrar una libertad duradera de su esclavitud a la adicción.

El apóstol Pablo escribe en Romanos 6:16: «¿Acaso no saben ustedes que, cuando se entregan a alguien para obedecerlo, son esclavos de aquel a quien obedecen? Claro que lo son, ya sea del pecado, que lleva a la muerte, o de la obediencia, que lleva a la justicia». Este versículo nos advierte que, cuando obedecemos algo o a alguien que no es el Dios que perdona a los pecadores, nos convertimos en esclavos de ello. En la adicción, el individuo se convierte en esclavo de su sustancia o comportamiento, incapaz de resistir el impulso de consumirlo o practicarlo, aun cuando esto sea perjudicial para sí mismo y para los demás.

Teniendo esto en cuenta, debemos admitir que superar la adicción no es fácil. La adicción es una enfermedad crónica física, mental y espiritual que requiere apoyo y manejo continuo. La recuperación, por lo tanto, es un proceso holístico que involucra la mente, el cuerpo y el alma, y, por difícil que sea aceptarlo, la recaída es una parte común de ese proceso. Sin embargo, al comprender la adicción como una forma de adoración falsa y abordar todos sus componentes, comenzando con la relación del individuo con Dios, es posible alcanzar una libertad duradera de la adicción. No obstante, incluso después de que el adicto recibe la libertad de la adicción por medio de la fe en Jesucristo y la participación en un programa de recuperación, siguen existiendo desafíos.

Uno de los principales retos al abordar la adicción como una forma de adoración falsa es combatir el estigma y la vergüenza que a menudo la acompañan. Los adictos son frecuentemente vistos como personas débiles o inmorales, y la vergüenza asociada con la adicción puede impedirles buscar ayuda. Sin embargo, es importante comprender que la adicción es una enfermedad espiritual que da lugar a elecciones dañinas e inmorales. Como cualquier otra enfermedad, la adicción requiere tratamiento y apoyo. Aun así, dado que, en su raíz, es una aflicción espiritual, necesita que el adicto escuche constantemente la proclamación del perdón de los pecados en el nombre de Jesús y que reciba comprensión y compasión por parte de los demás.

Otro desafío al abordar la adicción como una forma de adoración falsa es la falta de recursos teológicos y de apoyo personal disponibles para los adictos en muchas iglesias. El tratamiento para la adicción puede ser costoso, y muchos adictos no tienen acceso a opciones de tratamiento asequibles. Aquí es donde los recursos congregacionales, como el cuidado pastoral, los grupos de apoyo que abordan los aspectos teológicos y sociales de la adicción, y entornos de sobriedad basados en la gracia y la misericordia, pueden ser de gran ayuda.

Todo esto nos lleva a concluir que abordar la adicción como una forma de adoración falsa requiere un cambio en nuestras actitudes teológicas y sociales hacia ella. En lugar de verla como algo imperdonable o como un simple fracaso moral, debemos reconocerla como una enfermedad espiritual que necesita perdón y compasión, además de una enfermedad física y psicológica que requiere tratamiento y apoyo. Por esta razón, debemos reconocer el componente espiritual de la adicción y la importancia de reemplazar al dios falso de la adicción con el Dios verdadero, revelado en la vida, muerte y resurrección de Jesucristo, de modo que la persona sea atendida en su totalidad, recibiendo ayuda para su cuerpo, mente y alma.

Finalmente, para comprender plenamente la adicción como una forma de adoración falsa, también es importante considerar el papel del *yo* en la adicción. Nos guste o no enfrentar esta verdad, el *yo* está en el centro de la adoración. En la adoración verdadera, el *yo* se dirige hacia Dios y encuentra su verdadera identidad y propósito en relación con él. Sin embargo, en la adoración falsa, el *yo* se convierte en el centro de la adoración y busca su identidad y propósito en el dios falso.

Esta dinámica es claramente evidente en la adicción, donde el adicto se consume tanto en la búsqueda del placer o del alivio que su identidad y propósito quedan atados al objeto de su adicción. Pueden comenzar a verse a sí mismos simplemente como un «bebedor» o un «consumidor de drogas», en lugar de reconocerse como individuos únicos, criaturas de Dios, dotadas por él con fortalezas, debilidades y un valor inherente.

Como advierte el apóstol Juan en 1 Juan 2:16: «Porque nada de lo que hay en el mundo —los malos deseos del cuerpo, la codicia de los ojos y la arrogancia de la vida— proviene del Padre, sino del mundo». Siempre existe la tentación de que el adicto se entregue a los placeres y deseos físicos, lo que lo lleva a un comportamiento aún más destructivo. En la adicción, la persona no solo es impulsada por un deseo físico de placer, sino también por una necesidad desesperada de alivio del dolor, lo que la lleva a conductas dañinas para sí misma y para los demás.

Por lo tanto, superar la adicción como una forma de adoración falsa requiere un cambio en la comprensión que el adicto tiene de sí mismo y de su relación con Dios y con el mundo. Esto implica desarrollar un sentido de valor propio y propósito arraigado en una relación con Jesucristo, específicamente en el perdón de los pecados proclamado en su nombre y en el consuelo y apoyo mutuo de otros creyentes. Asimismo, es necesario abordar los factores psicológicos y sociales subyacentes que contribuyen a la identidad y propósito del adicto. Esto también ayudará al adicto a reconocer que los dioses falsos y la adoración falsa lo han engañado, llevándolo a desarrollar hábitos que han ubicado su devoción en lo que lo está destruyendo. Al hacerlo, podrá trasladar su lealtad de lo falso y mortal a lo verdadero y vital.

Parte 4: Nuestra piedad y devoción a la adicción

La piedad es la cualidad de estar dedicado a algo o a alguien, pero, en última instancia, implica vivir una vida centrada en la voluntad de Dios y guiada por las enseñanzas de su voluntad revelada en la Biblia. Por otro lado, la devoción a Dios consiste en entregarse completamente a él y vivir una vida de servicio. Tanto la piedad como la devoción se fundamentan en la creencia de que Dios es el aspecto más importante de la vida y que nuestro propósito final es vivir de una manera que le agrade, mediante la fe en Jesucristo.

Sin embargo, la adicción puede verse como una perversión de la piedad y la devoción, ya que implica un tipo similar de entrega total, pero dirigida a un objeto o comportamiento en particular. La adicción es un estado de vida en el que una persona se obsesiona con una sustancia o comportamiento hasta el punto de que este toma control de su existencia y se convierte en el centro de sus pensamientos y acciones. Además, la adicción altera la química del cerebro, lo que dificulta que la persona controle sus impulsos o reconozca que el objeto de su devoción le está causando daño.

Si bien la adicción puede manifestarse de muchas formas diferentes, como el abuso de sustancias, el juego compulsivo o la adicción a internet, el mecanismo básico es el mismo: el sistema de recompensa del cerebro es secuestrado, y la persona queda atrapada en un ciclo de comportamiento compulsivo, que le lleva a buscar la sustancia o actividad adictiva para experimentar una sensación de placer y recompensa.

Desde una perspectiva teológica, la adicción puede verse como una falsa forma de piedad, en la que la sustancia o el comportamiento adictivo es adorado en lugar de Dios. En vez de vivir una vida centrada en la voluntad de Dios, la persona vive una vida centrada en su adicción, relegando todas las demás preocupaciones y responsabilidades a un segundo plano.

De esta manera, la adicción también puede verse como una forma de falsa devoción, en la que el individuo se entrega por completo a su adicción en lugar de a Dios. En vez de vivir una vida de servicio al Dios verdadero, la persona sirve a su adicción, buscando constantemente la próxima dosis o experiencia y dedicando toda su energía y recursos a sostenerla.

Este tipo de falsa piedad se refleja en la Biblia en el ejemplo de los fariseos. Los fariseos eran un grupo de líderes religiosos conocidos por su estricta observancia de reglas y rituales, pero Jesús los criticó por su hipocresía y falta de fe verdadera. En Mateo 23:25-28, Jesús los condena diciendo:

> «¡Ay de ustedes, maestros de la ley y fariseos, hipócritas! Limpian el exterior del vaso y del plato, pero por dentro están llenos de robo y desenfreno. ¡Fariseo ciego! Primero limpia por dentro el vaso y el plato, y así quedará limpio también por fuera».

Este pasaje también se puede aplicar a la adicción, ya que muchas veces implica una apariencia externa de éxito y control, mientras que la vida interior del adicto está marcada por el miedo, la vergüenza y la falta de dominio propio. Los adictos a menudo intentan mantener una imagen de normalidad ocultando su adicción a los demás, mintiendo o inventando excusas para justificar su comportamiento, o insistiendo en que tienen el control, aun cuando claramente no lo tienen.

Otro ejemplo de falsa piedad en la Biblia, con una trayectoria similar, se encuentra en la parábola de Jesús sobre el fariseo y el recaudador de impuestos en Lucas 18:9-14. Jesús cuenta la historia de un fariseo que se jacta de su piedad y un recaudador de impuestos que humildemente pide misericordia. Jesús enseña que el recaudador de impuestos es el que es justificado ante Dios, y no el fariseo orgulloso y autojustificado.

Esta historia nos recuerda que la verdadera devoción implica humildad y el reconocimiento de nuestras propias fallas egoístas. Para quienes luchan contra la adicción, es fácil caer en un ciclo de vergüenza y autocondena, pero Jesús nos enseña que el amor y el perdón de Dios siempre están disponibles cuando nos acercamos a él como lo hizo aquel recaudador de impuestos, con humildad y sinceridad.

En ambos ejemplos, la Biblia nos enseña que la verdadera piedad y devoción requieren un cambio interior del corazón, más allá de una simple apariencia externa de religiosidad o autocontrol. De manera similar, la recuperación de la adicción a menudo requiere una transformación interior en la que el adicto debe enfrentar las raíces profundas de su adicción y orar para que Dios transforme su corazón y su vida interior, llevándolo a una libertad y una salud verdaderas y duraderas.

Esto es de suma importancia, como se ha señalado. Para reiterarlo, uno de los aspectos clave de la adicción es la manera en que consume completamente la vida del individuo, hasta el punto en que todas las demás preocupaciones y responsabilidades pasan a un segundo plano. Esto ocurre porque la adicción altera el sistema de recompensa del cerebro, haciendo que la sustancia o el comportamiento adictivo se convierta en el foco principal de la atención y motivación del individuo.

Esta es una forma de idolatría, en la que se adora a la sustancia o al comportamiento adictivo en lugar de a Dios. Así como los israelitas fueron tentados a adorar a ídolos falsos en lugar de al Dios verdadero, los adictos también son tentados a adorar a su adicción en lugar de vivir una vida centrada en su relación con Jesús.

Además, la adicción puede verse como una falsa justicia, en la que el individuo cree que está haciendo lo correcto al entregarse a su adicción. Esta falsa justicia es similar al legalismo que Jesús rechaza, en el que las personas piensan que pueden ganarse el cielo simplemente siguiendo un conjunto estricto de reglas y rituales.

En el caso de la adicción, la persona puede creer que está haciendo lo correcto al satisfacer sus antojos y deseos, y que tiene derecho a hacerlo por el placer y el alivio que le proporciona. Esta falsa justicia puede ser una barrera poderosa para la recuperación, ya que el individuo puede sentir que su comportamiento está justificado y que los demás están equivocados al intentar detenerlo.

Esto, a su vez, resulta en una ceguera espiritual. El adicto no puede ver el daño que su adicción está causando a su relación con Dios, a sí mismo y a quienes lo rodean. Esta ceguera espiritual es similar a la de los fariseos, quienes estaban tan atrapados en su legalismo que no podían ver el verdadero mensaje del evangelio, que Jesús «vino a buscar y a salvar lo que se había perdido» (Lc 19:10).

En el caso de la adicción, la persona se obsesiona tanto con su adicción que no puede ver el daño que está causando a su salud, a sus relaciones y a su bienestar general. Está en negación sobre la magnitud de su problema y se resiste a cualquier intento de ayuda o cambio de comportamiento.

Esta ceguera espiritual puede convertirse en un gran obstáculo para la recuperación, ya que el individuo tal vez ni siquiera se da cuenta de que tiene un problema o cree que aún tiene el control sobre su adicción. En muchos casos, puede ser necesaria una crisis importante, como una emergencia de salud o problemas legales, para finalmente romper con esta ceguera y motivar al individuo a buscar ayuda.

Aquí es donde la enseñanza bíblica sobre la gracia es fundamental. La gracia es el favor inmerecido que Dios extiende a los pecadores. Como escribe el apóstol Pablo en Romanos 5:6: «A la verdad, como éramos incapaces de salvarnos, en el tiempo señalado Cristo murió por los malvados». Solo por la gracia de Dios podemos ser salvos, y ninguna cantidad de piedad o devoción a algo o a alguien puede ayudarnos a ganarnos la salvación.

Este mensaje de gracia es especialmente vital para quienes luchan contra la adicción, pues muchos sienten que no son dignos de ayuda o perdón debido a las consecuencias reales de su adicción. Sin embargo, el mensaje de la gracia de Dios en Jesucristo nos enseña que todos somos pecadores y que el perdón y el amor de Dios están disponibles para todos, porque Jesús murió por los pecados de los impíos, lo que nos incluye a todos.

En el contexto de la adicción, esto significa que incluso aquellos que han luchado con la adicción durante años y han causado daño a sí mismos y a otros aún pueden recibir esperanza y sanidad a través de la gracia de Dios, cuando se les proclama el perdón en el nombre de Jesús. También significa que quienes buscan ayudar a las personas que luchan contra la adicción deben acercarse a ellas con compasión, reconociendo que la adicción es una condición compleja y difícil, que más que nada, clama por la gracia y la misericordia que solo Jesús puede proporcionar.

Por lo tanto, el adicto no necesita desesperarse. Simplemente ha estado buscando en los lugares equivocados, buscando ayuda en cosas que no son el Dios verdadero. Y la Biblia nos enseña que necesitamos la fuerza y la gracia de Dios para superar desafíos difíciles, incluida la adicción. Por ejemplo, en Filipenses 4:13, el apóstol Pablo escribe: «Todo lo puedo en Cristo que me fortalece». Este versículo nos recuerda que no debemos confiar únicamente en nuestra propia fuerza de voluntad para superar la adicción, sino en el poder y la fortaleza del Dios que fue crucificado por los pecados del mundo, para que nos ayude en nuestras luchas.

Además, Dios no se apartará del adicto, como si estuviera demasiado sorprendido por su comportamiento como para salvarlo. En cambio, tal como lo hizo con la mujer samaritana junto al pozo en

Juan 4:1-42, Jesús nos encuentra y nos habla donde estamos, revelándonos que conoce todo sobre nuestro pasado y nuestras luchas presentes. Y a pesar de lo que nosotros o los demás podamos pensar, Jesús nos ofrece agua viva en el bautismo, la cual transforma nuestras vidas por medio de su perdón y amor.

Jesús no ve al adicto como un marginado o alguien digno de desprecio. Más bien, por el poder de su gracia, cambia la vida de los adictos para que, en la fe, puedan verse a sí mismos como Dios los ve. Y en lugar de dejarnos solos en una batalla perdida contra la adicción, Dios nos envía un predicador en medio de nuestras luchas, aislamiento y derrotas a causa de la adicción, para anunciarnos que siempre hay esperanza donde él está, porque su perdón y su amor están disponibles para todos los que tienen hambre y sed de ellos.

Así, la adicción puede apoderarse de la vida de una persona, llevándola a una falsa piedad, a una falsa devoción y a la ceguera espiritual. Sin embargo, el mensaje de gracia y misericordia proclamado en el nombre de Jesús por sus predicadores brinda esperanza y sanidad a todos los que la buscan, fortaleciendo y animando a los individuos a superar la adicción y a recuperar una vida vivida en relación con un Dios misericordioso y perdonador, en lugar de estar esclavizados a una adicción que les exige sacrificar sus vidas para alimentarla.

Al reconocer los peligros de la adicción y el poder de la gracia, podemos caminar junto a los adictos, tratándolos de la misma manera en que el padre recibe al hijo pródigo en casa, como se narra en Lucas 15:11-32. En la parábola, un joven le pide a su padre su herencia y luego la derrocha en una vida desenfrenada. Cuando se encuentra en la miseria y con hambre, decide regresar a su padre, quien lo recibe con los brazos abiertos. Sin embargo, su hermano mayor se resiente por el comportamiento de su hermano menor y se niega a unirse a la celebración. Esta historia resalta los peligros de la autocomplacencia y la importancia del perdón. Para quienes luchan contra la adicción, también puede servir como un recordatorio de que nunca es demasiado tarde para cambiar el rumbo y buscar ayuda.

De la misma manera, podemos proclamar a los adictos que, con el Dios verdadero, quien es Cristo, el que murió por los pecados del mundo, no tienen que seguir siendo cautivos de sus adicciones. Jesús ha venido a liberarlos por medio de su gracia y perdón, para que vivan una vida centrada en la voluntad de Dios y guiada por sus enseñanzas, especialmente aquellas que enfatizan a Jesucristo crucificado por el pecado del mundo y el perdón y la nueva vida que él concede.

Capítulo 2

La esclavitud de la voluntad según Lutero y la adicción

Vemos que las adicciones a sustancias son solo
una forma específica de apego ciego a maneras
dañinas de vivir, sin embargo, condenamos
la obstinada negativa del adicto a renunciar a
algo perjudicial para su vida o para la de los
demás. ¿Por qué despreciamos, marginamos
y castigamos al drogadicto, cuando, como
sociedad, compartimos la misma ceguera y
utilizamos las mismas racionalizaciones?

—Gabor Maté, *In the Realm*
of Hungry Ghosts:
Close Encounters with Addiction

La adicción ha sido objeto de mucha discusión y
debate a lo largo de los años. Se han propuesto diversas teorías para explicar por qué las personas desarrollan adicciones a sustancias o comportamientos, pero
¿y si en lugar de ello nos remontamos a un debate de
hace quinientos años sobre el papel de la voluntad
humana en la salvación?

Por descabellado que parezca, la disputa de Martín
Lutero con Erasmo de Róterdam en 1525 sobre el
papel de la voluntad humana en la salvación tiene

mucho que enseñarnos acerca de la adicción y la recuperación en la actualidad.

El tratado de Erasmo, *Sobre el libre albedrío*, propone que la voluntad humana desempeña algún papel en la salvación. Lutero, por el contrario, afirma que los seres humanos no pueden elegir seguir a Dios por sí mismos y que deben depender de la intervención divina para ser guiados. Entonces, ¿qué tiene esto que ver con la adicción y la recuperación?

La esclavitud de la voluntad, como Lutero tituló su respuesta, es una exploración profunda sobre la naturaleza de la voluntad humana y cómo esta está cautiva, ya sea por el pecado o por la gracia. Aunque a primera vista esta obra pueda parecer poco relacionada con la adicción, un examen más detallado revela que las ideas de Lutero pueden ser sumamente valiosas para comprender la dinámica compleja y destructiva de estar cautivado por la adicción.

Parte 1: La naturaleza de la voluntad y la esclavitud del pecado

En *La esclavitud de la voluntad*, Lutero argumenta que la voluntad humana no es verdaderamente libre, sino que está atada por el pecado y la influencia de Satanás. Afirma que: «Si Dios está en nosotros, Satanás está fuera de nosotros; entonces, está presente en nosotros la voluntad de hacer solo el bien. Pero si Dios no está en nosotros, Satanás sí, y entonces está presente en nosotros la voluntad de hacer solo el mal».[1] Según Lutero, la voluntad no es una facultad

---

[1] Martín Lutero, *The Bondage of the Will*, trad. J. I. Packer y O. R. Johnston (Fleming H. Revell, 1957), p. 147.

neutral que pueda elegir entre el bien y el mal; más bien, está esclavizada al pecado y solo puede elegir lo que se opone a la voluntad de Dios.

Él escribe: «La voluntad del hombre es como una bestia que se encuentra entre dos jinetes. Si Dios la monta, quiere y va adonde Dios quiere. Si Satanás la monta, quiere y va adonde Satanás quiere».[2] Esta enseñanza bíblica, tomada de Salmos 73:22, sobre la voluntad como una «bestia» que puede ser montada tanto por Dios como por Satanás, es una representación poderosa de cómo nuestras decisiones y acciones están moldeadas por fuerzas espirituales mayores. Afirma que no somos agentes autónomos que toman decisiones racionales basadas en nuestros propios deseos y preferencias, sino que estamos profundamente influenciados por factores externos de los que quizá ni siquiera somos conscientes.

Nuestra única esperanza de salvación, entonces, radica en recibir la gracia de Dios, que él nos concede libremente a través de la muerte y resurrección de Jesucristo. La «consecuencia implícita», por así decirlo, de esta confesión es que la voluntad humana no es libre para elegir a Dios y la salvación, ni tiene poder alguno para hacer lo que Dios quiere. En cambio, desde la caída de Adán y Eva, hemos sido esclavos del pecado y solo podemos hacer el bien cuando somos ayudados por la gracia de Dios.

Esta cautividad de la voluntad humana es una consecuencia de la caída de la humanidad en el pecado. Con la caída de Adán y Eva, el libre albedrío se perdió y todas las personas se convirtieron en

---

[2] Ibid., p. 103.

esclavas del pecado. Los seres humanos, por lo tanto, no pueden elegir seguir la voluntad de Dios porque son, en esencia, pecadores y están esclavizados por sus propios deseos.

Más aún, cualquier intento de liberarnos de la esclavitud del pecado por medio de nuestras propias decisiones o buenas obras es inútil. Después de la caída de Adán y Eva, nuestras elecciones no tienen poder para hacer otra cosa que pecar y resistir la gracia de Dios, hasta que seamos cautivados por la gracia de Dios, tal como se ha revelado en Jesucristo. Solo por medio de la gracia de Dios, otorgada libremente a través de la obra de Jesucristo por los pecadores, la voluntad puede ser transformada y liberada de su esclavitud al pecado.

En otras palabras, Lutero cree que los seres humanos pueden tomar decisiones, pero estas están, en última instancia, determinadas por Dios, y somos incapaces de elegir el bien sin la ayuda de la intervención divina. Esta postura es central en la comprensión de Lutero sobre la condición humana y tiene implicaciones importantes para nuestro entendimiento de la adicción.

El hecho de que la voluntad humana esté cautiva del pecado tiene implicaciones significativas para la adicción. Si reconocemos que nuestra voluntad no es verdaderamente libre, sino que está moldeada y dirigida por fuerzas espirituales mayores, entonces se deduce que la adicción puede verse como una manifestación de esta esclavitud. Los adictos no están simplemente tomando malas decisiones basadas en sus prejuicios y deseos, sino que están siendo impulsados por una fuerza externa poderosa que no pueden controlar. En otras palabras, la adicción no es simplemente una cuestión de fuerza de voluntad, sino un fenómeno espiritual poderoso y debilitante que requiere una comprensión y un cuidado más profundos de los que hasta ahora se ha brindado a quienes la padecen.

Como consecuencia, para superar la adicción, las personas deben primero reconocer que están atadas por fuerzas más allá de su control. Este reconocimiento puede ser difícil, ya que los adictos a menudo se sienten avergonzados y culpables por su comportamiento y pueden resistirse a buscar ayuda. Sin embargo, al admitir las limitaciones de su propia voluntad y buscar ayuda en Dios, las personas en proceso de recuperación pueden comenzar a abordar las causas profundas de su adicción, confiando en que Dios está obrando para vencer el dominio de la adicción en sus vidas.

Las reflexiones de Lutero sobre las limitaciones del ser humano subrayan la importancia de tratar la adicción como un fenómeno que afecta a la persona en su totalidad. La adicción no es simplemente una cuestión de comportamiento, sino que tiene sus raíces en aflicciones espirituales profundas que deben abordarse para lograr una recuperación duradera. Al tratar las causas subyacentes del comportamiento adictivo, las personas en recuperación adquieren una mayor conciencia de su condición, desarrollan mecanismos de afrontamiento saludables y experimentan una mayor libertad e integridad en sus vidas, confiando en que, como escribe el salmista en Salmos 46:1: «Dios es nuestro amparo y nuestra fortaleza, nuestra ayuda segura en momentos de angustia».

Desde esta perspectiva, la disputa de Lutero con Erasmo sobre la naturaleza de la voluntad y la esclavitud del pecado tiene implicaciones significativas para la adicción y la recuperación. La voluntad humana no es libre, sino que está esclavizada al pecado, lo que significa que las personas que luchan contra la adicción no tienen el control de sus propias elecciones y acciones. En lugar de ello, su adicción las ha dominado y son impotentes para resistir su atracción.

Esta comprensión más profunda de la voluntad humana y su esclavitud al pecado es a la vez humillante y liberadora para quienes están en recuperación. Por un lado, es humillante darse cuenta de que la adicción no es una cuestión de falta de fuerza de voluntad o un fracaso personal, sino un síntoma de una condición espiritual más profunda. Por otro lado, es liberador saber que la recuperación no depende únicamente de los esfuerzos y fracasos individuales, sino que, en última instancia, es un don de la gracia de Dios.

En términos prácticos, la comprensión de Lutero sobre la voluntad y su cautiverio al pecado puede orientar el enfoque del tratamiento y la recuperación de la adicción. En lugar de depender únicamente del esfuerzo individual, la recuperación puede verse como la obra del perdón y la gracia de Dios en la vida de la persona, que la libera mediante el perdón de los pecados para buscar guía y apoyo pastoral y una comunidad de fe. Esto también puede y debe incluir la participación en una comunidad de recuperación solidaria, ahora que se les ha revelado que pueden confiar en el poder de las promesas de Dios para concederles perdón, nueva vida y la esperanza de la salvación eterna, sin importar la condición en la que se encuentren en este momento.

La comprensión de Lutero sobre la naturaleza de la voluntad y la esclavitud del pecado resalta la necesidad de un enfoque holístico en el tratamiento y la recuperación de la adicción, uno que reconozca las dimensiones espirituales de la adicción y el papel de la gracia de Dios en el proceso de recuperación.

Parte 2: La adicción como manifestación de la esclavitud

Cuando observamos la adicción a través de la lente de las afirmaciones de Lutero en su tratado *La esclavitud de la voluntad*, podemos ver cómo la adicción distorsiona y pervierte la voluntad del individuo. La adicción no es simplemente una cuestión de elegir participar en comportamientos destructivos. Más bien, es una dinámica compleja y, a menudo, abrumadora de dependencia espiritual, física y psicológica que puede ser increíblemente difícil, si no imposible, de romper.

A la luz de la visión de Lutero sobre la impotencia de la voluntad humana, es posible considerar la adicción como una manifestación de la incapacidad del ser humano para controlar sus propias acciones. La adicción puede verse como una forma de esclavitud en la que la persona es mantenida cautiva por sus deseos e impulsos y no puede liberarse sin la intervención divina. Los adictos pueden comprender intelectualmente que su comportamiento es destructivo, pero son incapaces de vencer los poderosos anhelos físicos, psicológicos y espirituales que los llevan a seguir consumiendo.

Un ejemplo impactante de esta cautividad de la voluntad se encuentra en el libro de Éxodo, cuando los israelitas son esclavizados en Egipto. A pesar de su sufrimiento y sus clamores por libertad, son incapaces de liberarse de la opresión de sus capataces egipcios. En Éxodo 6:9, se describe a los israelitas como «tan desalentados que no quisieron creer» que Dios los rescataría.

Luego, en Éxodo 7–12, Dios envía una serie de plagas sobre Egipto, que culminan con la muerte de los primogénitos, para obligar al faraón a dejar ir a los israelitas. Sin embargo, incluso después de presenciar estos milagros y prodigios, el faraón, de manera obstinada, se niega a liberarlos hasta que finalmente es forzado a hacerlo por la intervención de Dios.

Este relato demuestra la realidad de la esclavitud de la voluntad, ya que tanto los israelitas como el faraón son incapaces de actuar en contra de sus propias inclinaciones y deseos sin la intervención divina. Solo por medio del poder soberano y la gracia de Dios los israelitas son finalmente liberados de su esclavitud en Egipto y, aun así, continúan quejándose y rebelándose contra Dios en el desierto.

El ciclo de la adicción también puede verse como una manifestación de cómo el pecado distorsiona y pervierte la voluntad. Y, al igual que el faraón e Israel, en lugar de buscar la voluntad de Dios y el bienestar de los demás, los adictos se consumen en sus anhelos y deseos. Pueden involucrarse en comportamientos destructivos que los dañan a sí mismos y a quienes los rodean, y son incapaces de liberarse de su camino autodestructivo sin la intervención y la gracia de Dios.

Así, si Lutero escribiera hoy sobre el tema de la esclavitud de la voluntad y la adicción, es probable que afirmara que la adicción es una forma de compulsión espiritual que surge del hecho de que la voluntad humana está esclavizada a deseos pecaminosos, y que la adicción no es algo que pueda superarse por mera fuerza de voluntad, sino que requiere una transformación fundamental de la voluntad, que solo puede ser obrada por la gracia de Dios, proclamada por un predicador que declare el perdón de los pecados en el nombre de Jesús.

Uno de los pasajes más célebres sobre este tema se encuentra en Romanos 7:15-20, donde el apóstol Pablo escribe:

> No entiendo lo que me pasa, pues no hago lo que quiero, sino lo que aborrezco. Ahora bien, si hago lo que no quiero, estoy de acuerdo con que la ley es buena. Pero, en ese caso, ya no soy yo quien lo lleva a cabo, sino el pecado que habita en mí. Yo sé que en mí, es decir, en mi naturaleza pecaminosa, nada bueno habita. Aunque deseo hacer el bien, no soy capaz de hacerlo. De hecho, no hago el bien que quiero, sino el mal que no quiero. Y si hago lo que no quiero, ya no soy yo quien lo hace, sino el pecado que habita en mí.

Este pasaje capta el sentimiento de frustración e impotencia que a menudo experimentan quienes luchan contra la adicción. La descripción que hace Pablo de querer hacer el bien, pero no poder llevarlo a cabo, resuena con la experiencia de innumerables personas atrapadas por la adicción, incapaces de liberarse a pesar de sus mejores esfuerzos.

En otro pasaje, Santiago 1:14-15 describe el proceso por el cual la adicción se arraiga:

> Cada uno es tentado cuando sus propios malos deseos lo arrastran y seducen. Luego, cuando el deseo

ha concebido, engendra el pecado; y el pecado, una vez que ha madurado, da a luz la muerte.

Este pasaje resalta la naturaleza insidiosa de la adicción, en la que un deseo germina y crece, tentando a la persona a fijar su atención en algo que no es el verdadero Dios, algo que al final conduce a la muerte. Y esa es la realidad de la adicción: una especie de muerte espiritual que resuena a lo largo de la Biblia y que es un tema particularmente relevante en el tratado de Lutero *La esclavitud de la voluntad*.

Solo por la gracia de Dios en Jesucristo podemos esperar ser liberados de nuestra esclavitud al pecado, porque la adicción no es simplemente una condición física o psicológica. Es una condición espiritual que implica la esclavitud de la voluntad al pecado y la obra insidiosa del diablo, quien nos aparta de la fuente de nuestra vida y salvación. Como consecuencia de reconocer que la adicción no es simplemente una debilidad o un fracaso personal, sino una batalla espiritual que no podemos ganar por nosotros mismos, se hace evidente que solo mediante la intervención de la gracia de Dios podemos vencerla.

Así, la solución a la adicción no consiste simplemente en ejercer más fuerza de voluntad o esforzarse más por dejarla. En cambio, implica que Dios tome nuestra voluntad cautiva para sí mismo por medio del perdón y la gracia otorgados en el nombre de Jesús a través de sus predicadores, y que la fe subsiguiente transforme nuestra vida mediante la obra del Espíritu Santo, arrebatando las riendas de nuestras vidas de las manos de Satanás.

En resumen, la comprensión de Lutero sobre la adicción como una manifestación de la esclavitud sostiene que la adicción es una condición espiritual que surge de la esclavitud de la voluntad al pecado, al mundo y al diablo. Esta perspectiva enfatiza que la adicción no es simplemente un fracaso personal, sino una batalla espiritual que requiere la intervención de la gracia de Dios para ser superada. Así, las reflexiones de Lutero tienen implicaciones importantes para nuestra manera de entender y abordar el problema de la adicción, subrayando la necesidad de una transformación espiritual de la voluntad en lugar de depender únicamente de la fuerza de voluntad o de otros métodos de autoayuda.

Parte 3: Rompiendo el ciclo de la adicción por la gracia

Si bien la adicción puede ser una manifestación poderosa de la esclavitud de la voluntad, la teología de Lutero también ofrece esperanza a quienes luchan contra ella, porque el mensaje central de Lutero es la enseñanza bíblica sobre la gracia de Dios: el amor y el favor inmerecidos de Dios, otorgados libremente a todos los que creen en Jesucristo mediante el perdón de sus pecados.

La solución de Lutero para la aflicción de la esclavitud humana al pecado enfatiza la importancia del perdón divino y la gracia. La salvación es un don de gracia que Dios da libremente y que no puede ser ganado ni alcanzado por el esfuerzo humano. Así, Lutero escribe:

> Pablo dice esto de los gentiles: que se les ha dado oír y conocer a Cristo cuando antes ni siquiera podían

pensar en él, y mucho menos buscarlo o prepararse para recibirlo por el poder del «libre albedrío». De este ejemplo, queda suficientemente claro que la gracia llega de manera tan libre que ni siquiera hay pensamiento de ella, y ciertamente ningún esfuerzo o deseo de alcanzarla, antes de que llegue.[3]

La gracia, entonces, es una declaración poderosa que puede romper el ciclo de la adicción al transformar la voluntad y redirigirla hacia los propósitos de Dios. Para los adictos, este mensaje de gracia es particularmente poderoso, ya que les da la esperanza de que pueden liberarse del ciclo de la adicción, no a través de sus propios esfuerzos o fuerza de voluntad, sino mediante el poder transformador del amor de Dios.

Cuando un adicto recibe el perdón y la gracia de Dios por la fe como un regalo, es liberado de los poderosos anhelos y dependencias que lo han mantenido cautivo, porque la gracia de Dios no es dada a los justos, sino a los pecadores. No es otorgada a quienes creen merecerla, sino a quienes confiesan que no la merecen. En otras palabras, la gracia de Dios es solo para aquellos que han sido tomados cautivos por el pecado y el diablo.

De manera similar, a lo largo de la Biblia hay numerosos ejemplos de personas que luchan con la cautividad de su voluntad en diversas formas y son liberadas por la gracia de Dios. Un ejemplo de esto es la historia de lo que ocurrió con los israelitas después de que Dios los liberó de su esclavitud bajo el faraón. Los israelitas habían sido esclavizados en Egipto durante generaciones, y cuando finalmente fueron

---

[3] Ibid., p. 301.

liberados, enfrentaron un largo y difícil viaje a través del desierto para llegar a la tierra prometida, un lugar que Dios les promete como «tierra donde abunda la leche y la miel» (Ex 3:8).

Durante este viaje, los israelitas luchan con su adicción a la comida, la queja y la idolatría. Se lamentan por la falta de alimento y agua, y cuando Dios les provee de manera milagrosa, siguen anhelando la comida repugnante que se vieron obligados a comer en Egipto. También construyen un becerro de oro como ídolo para adorarlo, a pesar de que Dios los ha liberado de la opresión de los dioses egipcios.

Este relato resalta la condición humana de esclavitud al pecado y las diversas formas que puede tomar la adicción. También ilustra la naturaleza destructiva de la adicción y cómo puede llevar a individuos y comunidades por un camino de oscuridad y desesperación. Sin embargo, la historia de Israel en el desierto también demuestra que hay esperanza de redención y sanidad a través de la gracia y la misericordia de Dios, incluso frente a una esclavitud que lleva a las personas a rebelarse contra la bondad de Dios.

También es importante reconocer que el proceso de romper el ciclo de la adicción no es sencillo. La adicción es un problema complejo y multifacético que requiere un enfoque integral para su tratamiento y recuperación. Si bien la proclamación del perdón y el mensaje de la gracia de Dios son componentes esenciales de este proceso, deben ir acompañados de estrategias y recursos prácticos que ayuden a los adictos a liberarse de la aflicción de la adicción en su vida diaria.

Romper el poder que ejerce la adicción implica una combinación de ayuda profesional, apoyo de seres queridos y orientación pastoral. Sin embargo, en el centro de este proceso está el reconocimiento de que la verdadera sanidad y libertad solo pueden venir por el poder de la gracia divina, entregada a través del perdón de los pecados proclamado en el nombre de Jesús.

En el contexto de la adicción, predicar la gracia como el favor inmerecido de Dios trae transformación y restauración a la vida del individuo. Es el poder de Dios el que fortalece a las personas para liberarse del dominio de la adicción y encontrar una nueva vida en Cristo Jesús.

Por lo tanto, el primer paso para romper el ciclo de la adicción mediante la gracia es reconocer la realidad de la adicción y admitir la necesidad de ayuda. Esto puede implicar buscar a un pastor, recibir tratamiento profesional, unirse a un grupo de apoyo o acudir a un amigo o familiar de confianza en busca de respaldo.

El segundo paso es orar para que Dios le conceda al individuo la fortaleza para rendirse y abandonar su ilusoria sensación de control sobre su vida y sus elecciones, confiando en el poder de la gracia de Dios para producir un cambio real en su vida. Esto implica reconocer que los esfuerzos humanos por sí solos no son suficientes para superar la adicción y que la verdadera sanidad y libertad solo pueden provenir del poder de Dios, quien actúa a nuestro favor enviando al Espíritu Santo con sus predicadores para declarar que, por la obra de Jesucristo a nuestro favor, el perdón, la nueva vida y la salvación eterna nos son dados gratuitamente. En el contexto de la adicción, esto significa reconocer que no son nuestros propios esfuerzos los que romperán la esclavitud de la adicción, sino el poder del Espíritu Santo y la Palabra de Dios obrando en nosotros para traer transformación y sanidad.

El tercer paso es cultivar una relación con Dios mediante la meditación y el estudio de su voluntad revelada en la Biblia. Esto implica no depender de nosotros mismos, sino orar y confiar en que Dios obrará en nosotros para producir un cambio duradero.

El cuarto paso es desarrollar hábitos y prácticas saludables que respalden nuestra recuperación. Esto puede incluir encontrar un pastor que predique el perdón y la gracia, unirse a una iglesia con cristianos de fe semejante que también necesiten el poder liberador del evangelio para romper su esclavitud al pecado, hacer cambios en nuestra rutina diaria, establecer límites con respecto a ciertos comportamientos o actividades y buscar relaciones y comunidades que nos brinden apoyo.

Parte 4: Aplicación adicional de la teología de Lutero al tratamiento de la adicción

Como hemos visto, la postura teológica de Lutero sobre la cautividad de la voluntad humana al pecado y al diablo, y el papel de la gracia y el perdón en la salvación, tiene implicaciones significativas para el tratamiento de la adicción. Aunque la adicción tiene raíces profundas en la psique y el entorno de una persona, los métodos de tratamiento tradicionales a menudo no logran resultados duraderos porque no reconocen ni consideran el poder de la gracia de Dios, que transforma nuestra voluntad y produce una verdadera liberación de la adicción. Por lo tanto, aplicar los conocimientos teológicos de Lutero puede ofrecer una nueva perspectiva y brindar esperanza a quienes luchan contra la adicción.

Dado que las enseñanzas de Lutero enfatizan la centralidad de la gracia en la vida cristiana, esto implica que los seres humanos son completamente incapaces de elegir a Dios por sí mismos debido a la caída de Adán y Eva en el pecado en el jardín del Edén. La perspectiva de Lutero también desafía la idea de que una persona puede superar la adicción únicamente mediante la fuerza de voluntad o la autodisciplina. Más bien, Lutero sostiene que el verdadero cambio proviene de la obra del Espíritu Santo, quien transforma el corazón y la mente del creyente.

Lutero profesa una revelación bíblica sobre la voluntad humana y la salvación. La Biblia enfatiza constantemente el papel de la gracia en la superación del pecado. Efesios 2:8-9 declara: «Porque por gracia ustedes han sido salvados mediante la fe; esto no procede de ustedes, sino que es el regalo de Dios, no por obras, para que nadie se jacte». Este versículo subraya la idea de que la salvación es un don que no se puede ganar, sino que es otorgado libremente por Dios. En el contexto del tratamiento de la adicción, esto significa que las personas que luchan contra la adicción pueden acudir a Dios y confiar en su gracia para ser liberadas de la esclavitud de su adicción.

Así, para reiterar lo señalado anteriormente en este capítulo, en Romanos 7:18-19, el apóstol Pablo hace una declaración provocadora sobre la condición humana:

> Yo sé que en mí, es decir, en mi naturaleza pecaminosa, nada bueno habita. Aunque deseo hacer el

bien, no soy capaz de hacerlo. De hecho, no hago el bien que quiero, sino el mal que no quiero, eso es lo que hago.

Este pasaje resalta con fuerza la lucha que enfrentan muchas personas al tratar de superar la adicción. El deseo de hacer lo correcto está presente, pero la capacidad de llevarlo a cabo falta.

En el contexto del tratamiento de la adicción, esto significa que quienes luchan contra la adicción deben reconocer que su problema no es enteramente su culpa y que no deben sentirse avergonzados o culpables por sus luchas. En lugar de ello, se les dirige a Jesús, el Cordero de Dios crucificado por los pecados del mundo, y a confiar en su gracia y perdón, que tienen el poder de vencer su adicción.

Este enfoque en Jesús y no en sí mismos reorienta a los individuos para que abracen sus luchas y las reciban con gozo, porque, como escribe el apóstol Pablo a los cristianos en Colosas: «Ahora me alegro en medio de mis sufrimientos por ustedes, y voy completando en mí mismo lo que falta de las aflicciones de Cristo en favor de su cuerpo, que es la iglesia…» (Col 1:24). También desafía la idea de que el éxito y la prosperidad son los objetivos últimos de la vida, animando en su lugar a las personas a centrarse en su relación con Jesús y en su bienestar espiritual. Les recuerda que Dios está presente en sus luchas y obrando en sus vidas, incluso en medio de circunstancias difíciles.

Pero este no es un enfoque nuevo. La Biblia enfatiza la inevitabilidad del sufrimiento y las pruebas en la vida de todo creyente. Santiago 1:2-4 declara: «Hermanos míos, considérense muy dichosos cuando tengan que enfrentarse con diversas pruebas, pues ya saben que la prueba de su fe produce constancia. Y la constancia debe llevar a feliz término la obra, para que sean perfectos e íntegros, sin que les falte nada». Al igual que el ánimo que Pablo da a los cristianos en Colosas, este pasaje resalta la realidad de que las pruebas y dificultades a menudo nos llevan a una mayor conciencia de nuestra dependencia de un Dios lleno de gracia, lo cual es en sí mismo un motivo de gozo, ya que revela el fortalecimiento de nuestra relación con él.

En el contexto del tratamiento de la adicción, esto significa que quienes luchan contra la adicción no deben ver sus dificultades como un signo de fracaso, sino más bien como una oportunidad para orar y esperar a que Dios obre, fortaleciéndolos para resistir la tentación de recaer y continuar viviendo en sobriedad. También confían en que Dios está presente en sus luchas y que está obrando en y a través de sus dificultades para moldearlos en las personas que él quiere que sean.

Así, al aplicar las reflexiones teológicas de Lutero sobre la voluntad humana y su esclavitud al pecado y al diablo en el tratamiento de la adicción, recibimos una nueva perspectiva y esperanza para quienes luchan contra la adicción. Su énfasis en la centralidad de la gracia y el poder transformador del Espíritu Santo desafía la idea de que la adicción puede superarse únicamente mediante el esfuerzo humano. Su perspectiva también resalta la importancia de reconocer que la adicción no es simplemente una elección personal o un fracaso moral, sino el resultado de un mundo caído que necesita redención.

Las reflexiones de Lutero nos recuerdan que Dios está presente con nosotros en nuestras aflicciones y luchas, y que está obrando en nuestras vidas, incluso y especialmente en medio de circunstancias difíciles. Al abrazar estas enseñanzas, quienes luchan contra la adicción pueden encontrar esperanza, sanidad y una vida transformada por el poder de la gracia y la misericordia de Dios, entregadas a través del perdón de los pecados proclamado en el nombre de Jesús.

Capítulo 3

La teología de Lutero de la cruz y la recuperación de la adicción

Aquel que no conoce a Cristo no conoce a Dios
oculto en el sufrimiento… Dios solo puede ser
encontrado en el sufrimiento y la cruz.

—Martín Lutero, *Disputa de Heidelberg*, Tesis 21

La teología de la cruz es un principio central del pensamiento teológico de Lutero que da forma a su comprensión de la condición humana, la naturaleza del pecado y los medios de redención. Como tal, su perspectiva teológica ofrece un enfoque útil para la recuperación de la adicción, proporcionando un marco para comprender la naturaleza de la adicción, sus efectos en el individuo y la sociedad, y los medios de recuperación.

La teología de la cruz surgió de las luchas espirituales de Lutero mientras buscaba comprender la relación entre Dios y los seres humanos. En contraste con la perspectiva teológica predominante de su tiempo, que enfatizaba los esfuerzos humanos y las buenas obras como medios de salvación, Lutero vio la cruz de Cristo como la máxima expresión de la gracia y el

amor de Dios por la humanidad. Para Lutero, la cruz
no es simplemente un evento en la historia, sino una
realidad continua que moldea la vida tanto de creyentes como de incrédulos, ya que «el amor de Dios, que
vive en el hombre, ama a los pecadores, a los malvados, a los necios y a los débiles para hacerlos justos,
buenos, sabios y fuertes».[1]

La teología de la cruz de Lutero resalta la naturaleza paradójica de la fe cristiana, en la que la debilidad es fortaleza, la muerte es vida y el sufrimiento es
gloria. En la cruz, Lutero vio la máxima expresión del
amor de Dios, ya que Cristo tomó voluntariamente sobre sí los pecados de la humanidad y sufrió las
consecuencias de nuestros pecados en lugar de todos.
Esta comprensión de la cruz desafía los valores culturales predominantes de fuerza, poder y éxito, y llama
a una reorientación radical de nuestra comprensión
de la condición humana.

La perspectiva de Lutero es especialmente relevante para la recuperación de la adicción, que implica
confrontar las consecuencias negativas de las propias
acciones y reconocer la impotencia ante la adicción.
La teología de la cruz de Lutero ofrece un marco
poderoso para comprender la naturaleza paradójica
de la recuperación de la adicción, en la que la valentía
y la humildad son componentes esenciales para una
verdadera sanación y una vida sobria.

Sin embargo, la adicción es una manifestación
extrema de la cautividad de la voluntad humana al

---

[1] Martín Lutero, «The Heidelberg Disputation», en
Luther's Works, vol. 31: Career of the Reformer, ed. Harold J.
Grimm (Concordia Publishing House, 1957), p. 57.

pecado, caracterizada por una orientación egocéntrica y autodestructiva hacia el mundo. Lutero afirmó que esta orientación es un aspecto fundamental de la condición humana y que, por lo tanto, requiere una intervención radical si se quiere lograr algún cambio significativo, intervención que solo puede realizarse mediante la gracia de Dios. Como escribe Lutero: «La voluntad, fuera de la gracia o en su caída, no puede evitar caer ni evitar querer el mal por su propio poder. Es capaz, por la gracia de Dios, de no caer o de dejar de caer».[2]

En la recuperación de la adicción, esta reorientación a menudo se facilita a través de un acto de rendición, en el cual Dios impulsa a las personas a reconocer su impotencia ante la adicción y a volverse a él en busca de ayuda. Este acto de rendición no es simplemente una cuestión de ceder el control, sino de ser acogidos por un Dios lleno de gracia y amor, y así ser abrazados por una nueva forma de vida basada en la confesión valiente de nuestro pecado, la humildad ante Dios y el servicio y amor entregado a los demás.

Por lo tanto, la teología de la cruz ofrece una visión poderosa de cómo podría ser esta nueva forma de vida, al desafiarnos a aceptar la naturaleza paradójica de la fe cristiana, en la que la debilidad es fortaleza, la muerte es vida y el sufrimiento es gloria. En la recuperación de la adicción, esto significa abrazar la realidad de que estamos esclavizados al pecado y no podemos liberarnos por nuestra cuenta, que necesitamos ayuda y que solo Dios puede sanarnos y renovar nuestras vidas por completo.

---

[2] Ibid., p. 59.

La teología de la cruz de Lutero también ofrece una crítica contundente a los valores culturales predominantes que a menudo contribuyen a la adicción y a sus consecuencias negativas. El énfasis en la fuerza, el poder y el éxito en la cultura contemporánea puede llevar a las personas a creer que pueden controlar sus propias vidas y alcanzar sus objetivos solo con sus esfuerzos. Esta actitud puede ser particularmente peligrosa en el contexto de la adicción, ya que puede llevar a las personas a negar la realidad de su adicción y su necesidad de ayuda. Como señala Lutero: «Porque los hombres no conocen la cruz y la odian, necesariamente aman lo opuesto, es decir, la sabiduría, la gloria, el poder y demás».[3]

El enfoque en el éxito y el logro en la cultura contemporánea también puede generar un ambiente competitivo e individualista que a menudo deja a las personas sintiéndose desconectadas, aisladas y desesperanzadas. Este sentimiento de desconexión y aislamiento puede ser particularmente peligroso en el contexto de la adicción, ya que puede llevar a las personas a recurrir a las drogas y el alcohol como un medio de escape.

La teología de la cruz desafía esta perspectiva al redirigir nuestra atención a la cruz de Cristo como nuestra verdadera fuente de vida y esperanza. Lutero vio en la cruz la máxima expresión del amor de Dios por la humanidad. Escribe: «Este es el amor de la cruz, nacido de la cruz, que se dirige no hacia donde encuentra el bien para disfrutarlo, sino hacia donde puede conferir el bien al pecador y al necesitado».[4]

---

[3] Ibid., p. 54.
[4] Ibid., p. 57.

Esta perspectiva llama a las personas a abrazar una nueva forma de vida basada en la fe en Cristo Jesús, comprometiéndose con una comunidad de creyentes, conectándose con otros en relaciones fundamentadas en la entrega y la caridad, y encontrando solidaridad con otros adictos en recuperación, buscando también abordar los factores sociales que contribuyen a la adicción de cada individuo.

Parte 1: ¿Qué es la teología de la cruz?

La teología de la cruz de Lutero se basa en su comprensión de la cruz de Cristo. Según Lutero, la cruz es el símbolo supremo de la gracia y el amor de Dios. Es a través de la cruz que Dios demuestra su amor por la humanidad, y es mediante la cruz que la humanidad es reconciliada con Dios por el sufrimiento sangriento y la muerte de Jesús por los pecados del mundo.

Sin embargo, la comprensión de Lutero sobre la cruz no se limita a un acontecimiento histórico. En lugar de ello, Lutero cree que la cruz es una realidad continua en la vida de los creyentes. En otras palabras, la cruz no es solo un evento del pasado, sino también una realidad presente que da forma a la vida de los cristianos hoy, cuando Dios envía a sus predicadores para proclamar la buena noticia a los pecadores de que son perdonados en el nombre de Jesús.

Uno de los conceptos clave en la teología de la cruz de Lutero es, entonces, la ocultación de Dios. Lutero sostiene que Dios está oculto en el sufrimiento y la debilidad de la cruz. Esto contrasta con la concepción tradicional de Dios como una figura poderosa y triunfante. Según Lutero, la verdadera naturaleza de Dios se

revela en la cruz, que a los ojos del mundo parece débil
y necia, pero que para Dios es la revelación de su victoria sobre el pecado, el mundo y el diablo. Esta perspectiva se basa en la afirmación del apóstol Pablo en
1 Corintios 1:21: «Ya que Dios, en su sabiduría, dispu-
so que el mundo no lo conociera mediante la sabiduría humana, tuvo a bien salvar, mediante la locura de la
predicación, a los que creen». Así, como escribe Lutero:
«No es suficiente para nadie ni le sirve de nada reconocer a Dios en su gloria y majestad si no lo reconoce en
la humildad y la vergüenza de la cruz».[5]

Basado en su lectura de la Biblia, Lutero cree que
Dios está presente en el mundo, no en el poder y la
gloria, sino en el sufrimiento, la pobreza y la debilidad.
Argumenta que la cruz es el símbolo supremo de la
presencia y el amor de Dios por la humanidad. En otras
palabras, Dios se revela con mayor claridad en el sufrimiento humano, en la debilidad y en la vulnerabilidad.

En contraste con la teología de la cruz, Lutero también critica lo que él llama la *teología de la gloria*. La
teología de la gloria es la creencia de que la gloria de
Dios puede encontrarse en los logros y éxitos humanos. Según Lutero, esta idea es errónea porque pone el
énfasis en las obras humanas en lugar de en la gracia
de Dios. Lutero escribe sobre la teología de la gloria
en su *Disputa de Heidelberg*: «Un teólogo de la gloria
llama al mal bien y al bien mal. Un teólogo de la cruz
llama a las cosas por su nombre».[6] La teología de la
gloria es, por lo tanto, una comprensión distorsionada
de la realidad porque invierte los valores, llamando al

---

[5] Ibid., p. 52.
[6] Ibid., p. 40.

mal bien y al bien mal, mientras que la teología de la cruz ve las cosas tal como son. Es decir, la teología de la cruz entiende todas las cosas, especialmente la sabiduría y las obras de Dios, a través del sufrimiento y la cruz de Jesucristo.

La teología de la gloria enfatiza la importancia de comprender la naturaleza de Dios a través de su poder, gloria y éxito. Según esta teología, la naturaleza de Dios se revela con mayor claridad en su capacidad para hacer grandes cosas, triunfar sobre sus enemigos y traer éxito a su pueblo. Lutero cree que las personas que siguen la teología de la gloria no están realmente preocupadas por su relación con Jesús, sino que constantemente utilizan a Dios como una excusa para buscar formas de demostrar su propia justicia y su capacidad para triunfar en la vida.

Por esta razón, la teología de la gloria puede ser tan perjudicial para las personas en recuperación. Puede llevarlas a creer que su éxito en superar la adicción depende únicamente de su fuerza y fuerza de voluntad. Esto puede crear una expectativa poco realista de éxito y llevar a la decepción y el desánimo si no logran vencer su adicción por sí solas. También puede generar un sentimiento de orgullo y autosuficiencia si logran recuperarse, lo que puede ser dañino tanto para sus relaciones como para su proceso de recuperación.

Sin embargo, Lutero no formuló la teología de la cruz y la teología de la gloria como categorías útiles para el debate académico. En cambio, estas dos teologías en competencia están profundamente arraigadas en la narrativa bíblica, como se ve en la crucifixión y resurrección de Jesús. En su primera carta a los cristianos de Corinto, el apóstol Pablo escribe: «El mensaje de la cruz es una locura para los que se pierden; en cambio, para los que se salvan, es decir, para nosotros, este mensaje es el poder de Dios» (1 Co 1:18).

Pablo argumenta que la cruz no es un símbolo de debilidad, aunque así lo parezca para quienes buscan a Dios en sus logros y éxitos, sino más bien un símbolo del poder y amor de Dios revelado en la humillación, el sufrimiento y la muerte de Jesús. Jesús, quien fue crucificado en nuestro lugar y sufrió la muerte más humillante y dolorosa que nosotros merecíamos, es la manifestación suprema del amor de Dios por la humanidad.

Este tema se repite a lo largo del Nuevo Testamento, particularmente en el libro de Hebreos. El autor de Hebreos escribe que Jesús «por el gozo que le esperaba, soportó la cruz, menospreciando la vergüenza que ella significaba, y ahora está sentado a la derecha del trono de Dios» (Heb 12:2). El autor argumenta que el sacrificio de Jesús en la cruz no fue un signo de debilidad o derrota, sino una demostración del amor y el poder de Dios.

Además, la teología de la cruz también es evidente en la historia de los israelitas en el Antiguo Testamento. Los israelitas son un pueblo que repetidamente sufre opresión, esclavitud y exilio. Enfrentan un gran sufrimiento y dificultades, pero Dios permanece fiel a su pueblo y los guía a través de todas sus aflicciones. De manera similar, el libro de los Salmos está lleno de lamentos y expresiones de dolor y sufrimiento, pero también contiene declaraciones de esperanza y confianza en la fidelidad de Dios.

Un relato particularmente relevante es la historia de José en el libro de Génesis. José es vendido como esclavo por sus hermanos y enfrenta años de dificultades y encarcelamiento. Pero incluso en su sufrimiento, Dios permanece fiel a José. Es a través de su sufrimiento que Dios puede usar a José para salvar a los israelitas de la hambruna y la opresión. Como José les dice a sus hermanos, quienes le suplican que no los castigue por el mal que le hicieron: «Es verdad que ustedes pensaron hacerme mal, pero Dios transformó ese mal en bien para lograr lo que hoy estamos viendo: salvar la vida de mucha gente» (Gn 50:20). La historia de José es un claro ejemplo de cómo Dios puede usar el sufrimiento y la debilidad para el bien y de cómo, incluso en la adversidad, Dios está presente y obrando.

Por otro lado, la teología de la gloria suele asociarse con la historia de la Torre de Babel en Génesis 11. Los habitantes de Babel querían construir una torre que alcanzara los cielos y, al hacerlo, esperaban hacerse un nombre por sí mismos. Pero Dios ve su orgullo y arrogancia y los dispersa por toda la tierra. A diferencia de la historia de José en Génesis 50, este relato suele interpretarse como una advertencia contra los peligros del orgullo humano y el deseo de éxito y gloria.

Comprender la teología de la cruz puede ser sumamente beneficioso para quienes están en proceso de recuperación de la adicción. La adicción es una forma de sufrimiento que puede ser extremadamente difícil de superar. Puede hacer que las personas se sientan débiles, vulnerables e impotentes. La teología de la cruz ofrece una manera de entender la respuesta de Dios ante este tipo de sufrimiento. Nos enfoca en la presencia de Dios en medio del sufrimiento humano, la debilidad y la vulnerabilidad, recordándonos que él está con quienes luchan por superar su adicción, ofreciéndoles esperanza y fortaleza a través de la fe en la gracia de Cristo.

Para una persona en recuperación, por lo tanto, distinguir entre la teología de la cruz y la teología de la gloria puede ser crucial para su bienestar espiritual y emocional. La teología de la cruz enfatiza el sufrimiento y la humildad de Cristo en la cruz, un mensaje poderoso para los adictos que a menudo experimentan su propia forma de sufrimiento e impotencia. La teología de la cruz enseña que la verdadera redención viene a través de recibir la gracia de Jesucristo, mediante el perdón de los pecados que él obtuvo para nosotros a través de su sufrimiento y muerte.

En oposición a esto, la teología de la gloria enfatiza la búsqueda del logro personal y el éxito, lo cual puede ser peligroso para los adictos, quienes suelen buscar satisfacción a través de sustancias o comportamientos dañinos. Comprender y abrazar la teología de la cruz puede ayudar a un adicto a soltar su necesidad de control y encontrar consuelo en la creencia de que su sufrimiento tiene un propósito mayor.

Además, distinguir entre estas dos teologías puede ayudar a una persona en recuperación a evitar posibles trampas espirituales. Una teología de la gloria puede llevar a enfocarse en medidas externas de éxito y convertirse en un terreno fértil para el orgullo y la autosuficiencia. En cambio, una teología de la cruz fomenta la humildad, un componente esencial en el proceso de recuperación. Abrazar la cruz puede ayudar a un adicto a reconocer sus limitaciones y volverse a Jesucristo en busca de ayuda y apoyo.

Este cambio de perspectiva puede ser fundamental para un adicto que anteriormente haya confiado en su propia fuerza de voluntad o autosuficiencia, lo que con frecuencia conduce a la recaída. Al abrazar una teología de la cruz, un adicto puede encontrar paz en su vulnerabilidad y depender de la gracia de Dios para recibir perdón, construir una nueva vida y darle esperanza. Tal como Jesús le prometió al hombre crucificado junto a él, que le suplicó que lo recordara: «Te aseguro que hoy estarás conmigo en el paraíso» (Lc 23:43).

Parte 2: La adicción y el sufrimiento

La adicción es una forma de sufrimiento. Es una enfermedad que afecta al cerebro y al comportamiento, causando una búsqueda compulsiva de drogas y su consumo, a pesar de sus consecuencias perjudiciales. La adicción suele estar marcada por el dolor físico y emocional, así como por consecuencias sociales y espirituales.

Por eso es fundamental que, además de sus aspectos físicos y emocionales, las personas también reconozcan que la adicción tiene una dimensión espiritual. La adicción puede verse como una manifestación de muerte espiritual, caracterizada por un sentimiento de desconexión de uno mismo, de los demás y de Dios. A menudo, la adicción surge de un sentimiento de vacío o falta de propósito, lo que lleva a la búsqueda de placer o alivio a través del consumo de sustancias.

Según la teología de la cruz de Lutero, este sentimiento de vacío y muerte espiritual es una oportunidad para que la gracia de Dios entre en la angustia de una persona y le conceda una nueva vida. La cruz de Jesucristo revela el perdón y la gracia de Dios precisamente en medio del sufrimiento y la lucha. Por

lo tanto, debemos prestar atención a la teología de
la cruz de Lutero, ya que enfatiza la importancia del
sufrimiento en la vida cristiana, no como un castigo
o una señal del desagrado de Dios, sino como el lugar
donde Dios nos encuentra con su gracia y paz para
sanar nuestro sufrimiento.

Un ejemplo bíblico que ilustra que el sufrimiento
no es un castigo ni una señal del desagrado de Dios es
la historia de Job. Este es un hombre justo que teme a
Dios y se aparta del mal, pero aun así experimenta un
gran sufrimiento y pérdida, incluyendo la muerte de
sus hijos, la destrucción de sus bienes y una dolorosa
enfermedad. Los amigos de Job sugieren que su sufrimiento es un castigo por sus pecados, pero Job mantiene su inocencia y su fe en Dios.

Al final, Dios habla con Job y le revela que su sufrimiento no es un castigo, sino una prueba de su fe. Job
sale de sus pruebas con una comprensión más profunda de la voluntad de Dios y una mayor apreciación
por las bendiciones de la vida. A través de su sufrimiento, Job experimenta la gracia de Dios y aprende
a confiar en su bondad y amor. En la experiencia de
Job, vemos que Dios puede obrar en medio de nuestras pruebas para traer bien a nuestras vidas.

En la recuperación de la adicción, el sufrimiento
puede desempeñar un papel similar. La recuperación
implica un proceso de confrontar y trabajar a través
de emociones y experiencias dolorosas. Este proceso
puede ser difícil e incómodo y puede llevar a las personas a cuestionar si Dios las ha abandonado o castigado.
Sin embargo, también puede ser una experiencia transformadora. A través del sufrimiento, los adictos pueden
adquirir una comprensión más profunda de sí mismos

y de su relación con Dios cuando se aclara que su sufrimiento no es un castigo del Señor, sino una prueba de fe y una experiencia destinada a profundizar su relación con Jesús, llevándolos a depender cada vez más del perdón y la gracia de Dios.

Lutero escribe sobre el poder transformador del sufrimiento en su comentario sobre Romanos 5:4:

> «Dios no acepta a nadie como justo sin antes haberlo probado, y lo prueba únicamente a través del fuego de la tribulación… Así, en esta prueba, uno no llega de otro modo que a través de la perseverancia. Y esta prueba se lleva a cabo para que cada persona pueda ver su propia disposición interior, es decir, para que cada uno se conozca a sí mismo, a saber, si realmente ama a Dios por lo que él es, lo cual, por supuesto, Dios ya sabe sin necesidad de prueba… [Así que] la razón por la que Dios trae tribulaciones a los hombres es para probarlos, es decir, para hacerlos aprobados mediante la perseverancia. Pues si Dios no nos probara por medio de la tribulación, sería imposible que alguien pudiera ser salvo».[7]

Parte 3: El papel de la cruz en la recuperación de la adicción

La recuperación de la adicción puede verse como un tiempo de renovación de la fe y un cambio radical de vida, caracterizado por una comprensión más profunda del perdón y la gracia de Dios para el individuo,

---

[7] Martín Lutero, «Romans Commentary», en *Luther's Works*, vol. 25, ed. Hilton C. Oswald (Concordia Publishing House, 1972), p. 291.

proclamada de la manera más dramática cuando Jesucristo fue crucificado por el pecado del mundo.

Según Lutero, la cruz es el símbolo supremo del perdón y la gracia de Dios. A través de la cruz, Dios demuestra su amor por la humanidad, y por medio de la cruz, la humanidad es reconciliada con Dios. En la recuperación de la adicción, la cruz sirve como un recordatorio poderoso de la gracia y el perdón de Dios, incluso en medio del sufrimiento y la desesperanza.

La teología de la cruz de Lutero también enfatiza la importancia de la fe en la vida cristiana. La fe no es solo creer en Dios, sino confiar en sus promesas y depender de su gracia. La fe es esencial en la recuperación de la adicción, pues proporciona el fundamento para una nueva vida y una esperanza renovada.

En la recuperación de la adicción, la fe en Cristo Jesús también es una fuente de fortaleza y orientación. A través de la fe, los adictos pueden desarrollar una apreciación más profunda del poder de la gracia de Dios, que los fortalece para soportar la carga de los desafíos que conlleva la adicción. La fe es una fuente de gozo y confianza frente a la adversidad. Por medio de la fe en Jesucristo, los adictos pueden desarrollar un sentido más profundo de esperanza y confianza en la gracia de Dios.

Para volver al ejemplo de Job, él mantiene su fe y confianza en Dios a pesar de su sufrimiento. Dice: «Desnudo salí del vientre de mi madre, y desnudo partiré. El Señor ha dado, el Señor ha quitado; ¡bendito sea el nombre del Señor!» (Job 1:21). La fe de Job le permite soportar su sufrimiento y mantener su confianza en la bondad y el poder de Dios.

Finalmente, la teología de la cruz de Lutero también señala la importancia de la comunidad en la vida cristiana, ya que el Cristo crucificado llama a la comunión con él en su Iglesia. De manera similar, en la recuperación de la adicción, una comunidad de fe y grupos de apoyo pueden desempeñar un papel fundamental al brindar respaldo, responsabilidad y ánimo, cumpliendo así el mandato de «llevar los unos las cargas de los otros y cumplir así la ley de Cristo», como escribe el apóstol Pablo a los cristianos de Galacia (Gal 6:2).

Los cristianos están llamados a apoyarse y cuidarse mutuamente, especialmente en tiempos de dificultad. Esto es particularmente relevante en la recuperación de la adicción, donde el apoyo de una comunidad de fe y de grupos de apoyo puede ser crucial para mantener la sobriedad y lograr una recuperación a largo plazo.

Además del apoyo práctico, una comunidad de fe puede brindar al individuo cuidado pastoral, el consuelo mutuo de ser respaldado por otros creyentes y un sentido de pertenencia y propósito. Esto es especialmente significativo cuando se considera que muchos adictos luchan con sentimientos de aislamiento y desconexión, lo que puede llevarlos a la desesperanza y la desesperación. Una comunidad de fe puede proporcionar un sentido de conexión y pertenencia que ayude a aliviar estos sentimientos y ofrecer un propósito renovado en la vida.

Parte 4: De la muerte espiritual a la vida en la gracia de Dios

El primer paso para aplicar la teología de la cruz de Lutero en la recuperación de la adicción es reconocer la muerte espiritual. La adicción es una manifestación de esta muerte espiritual, caracterizada por una sensación de desconexión de uno mismo, de los demás y de un poder superior. Es importante reconocer esta muerte en lugar de tratar de ocultarla o negarla.

El segundo paso en la aplicación de la teología de la cruz de Lutero en la recuperación de la adicción es confiar en la gracia de Dios. Como se ha enfatizado en los dos capítulos anteriores, la recuperación no es algo que pueda lograrse mediante la fuerza de voluntad o el esfuerzo propio. Más bien, la recuperación es un proceso de sanidad y una nueva vida hecha posible por la gracia de Jesucristo.

Lutero escribe sobre la importancia de confiar en la gracia de Dios en su comentario sobre Gálatas 3:23:

> «Por tanto, no basta que estemos encerrados bajo la ley, pues si no se presentara algo más, nos veríamos forzados a desesperar, y moriríamos en nuestros pecados. No obstante, Pablo añade que estamos encerrados y guardados bajo el ayo (la ley), pero no para siempre, sino a fin de llevarnos a Cristo, que es el fin de la ley. Por tanto, estos pavores, esta humillación, y esta prisión no deben seguir para siempre, sino solo hasta que se revele la fe. Puede permanecer siempre y cuando sea para nuestro provecho y salvación, es decir, hasta que seamos abatidos y humillados por la ley. Será entonces que la gracia, la remisión de pecados, y la libertad de la ley, del pecado, y de la muerte, serán para nosotros el más dulce consuelo. Pero no está a nuestro alcance por las obras, sino aferrándose a ello por la sola fe».[8]

---

[8] Martín Lutero, *Comentario de Martín Lutero sobre la Epístola a los Gálatas* (1535), ed. Haroldo S. Camacho (1517 Publishing y Proyecto Nehemías, 2024), p. 415.

Es a través de la fe en Cristo que somos justificados y liberados de la esclavitud de la adicción. Por lo tanto, debemos confiar en la gracia de Dios y depender de su poder para renovar nuestra fe, producir un cambio radical en nuestra vida y traer sanidad.

El tercer paso para aplicar la teología de la cruz de Lutero en la recuperación de la adicción es buscar apoyo dentro de una comunidad de creyentes. La recuperación no es algo que pueda emprenderse en solitario. Necesitamos el apoyo y el ánimo de otros creyentes para confiar en el perdón y la gracia de Dios, mantener la sobriedad y lograr una recuperación a largo plazo.

Lutero aborda la importancia del apoyo comunitario en su comentario sobre Gálatas 6:1 cuando escribe:

> «Cuando Juan y Santiago... querían hacer descender fuego del cielo sobre los samaritanos, Cristo se lo prohibió, diciendo: "¿No saben de qué espíritu son ustedes? El Hijo del Hombre no vino para destruir almas, sino para salvarlas". Por lo tanto, debemos pensar no en cómo podemos destruir, sino en cómo podemos salvar al hermano que es pecador».[9]

Los cristianos estamos llamados a apoyarnos y cuidarnos unos a otros, especialmente en tiempos de dificultad. Necesitamos el respaldo de una comunidad para mantenernos responsables y recibir el ánimo y la orientación necesarios para sostener la sobriedad y alcanzar una recuperación duradera.

La teología de la cruz de Lutero subraya la importancia del sufrimiento y la muerte en la vida cristiana.

---

[9] Martín Lutero, «Commentary on Galatians», en *Luther's Works*, vol. 27, ed. Jaroslav Pelikan (Concordia Publishing House, 1964), pp. 388-389.

En la recuperación de la adicción, esta teología puede ofrecer una perspectiva única para comprender la dimensión espiritual de la adicción y la oportunidad de sanar y transformar vidas. Al reconocer nuestra muerte espiritual, confiar en la gracia de Dios y buscar el apoyo de una comunidad de creyentes, las personas con adicciones pueden encontrar esperanza y sentido en sus luchas y comenzar el proceso de recuperación.

Además, la teología de la cruz de Lutero puede ayudar a las personas con adicciones a ver sus luchas desde una nueva perspectiva, como una oportunidad para una relación más profunda con Jesucristo y una nueva vida libre de los efectos de la adicción. Y aunque es cierto que para muchos la recuperación puede ser un proceso largo y difícil, al abrazar la teología de la cruz pueden encontrar la fortaleza y el valor necesarios para perseverar.

Como escribe el apóstol Pablo en Romanos 8:18: «De hecho, considero que en nada se comparan los sufrimientos actuales con la gloria que habrá de revelarse en nosotros». El apóstol no está diciendo que las tribulaciones presentes sean insignificantes, ni que nuestra vida actual no tenga valor. Después de todo, es obra de las manos de Dios y, por lo tanto, es valiosa. Más bien, está hablando de la gloria incomparable que vendrá en el día final. Las tribulaciones presentes, que no tienen el poder de destruirnos, deben compararse con la gloria futura, tan grande que está más allá de nuestra comprensión y que solo podemos asir por la fe en el presente.

La teología de la cruz de Lutero también resalta la importancia de la humildad y la abnegación. La humildad y la abnegación nos llevan a enfocarnos en la necesidad de la perseverancia y la resistencia ante la adversidad, ya que la recuperación de la adicción puede ser larga y difícil, con frecuentes retrocesos y desafíos en el camino. Pero, como escribe el apóstol Pablo en 2 Corintios 12:9:

> Pero él me dijo: «Te basta con mi gracia, pues mi poder se perfecciona en la debilidad». Por lo tanto, gustosamente haré más bien alarde de mis debilidades, para que repose sobre mí el poder de Cristo (2 Co 12:9).

El apóstol Pablo nos dirige a depender de la gracia y el poder de Dios en tiempos de debilidad y lucha. Al abrazar esta perspectiva, las personas con adicciones pueden encontrar la fortaleza y el valor necesarios para perseverar a través de los desafíos de la recuperación, de modo que incluso las dificultades y luchas de la adicción puedan, en última instancia, conducir a una vida con sentido, propósito y libertad en Cristo.

Sin embargo, este no es un camino lineal. La persona con adicción no avanza necesariamente desde la adicción hacia la sobriedad siguiendo una trayectoria clara y bien definida. A menudo, el individuo experimenta pensamientos y sentimientos de querer mantenerse sobrio, pero al mismo tiempo lucha con antojos constantes, retrocesos y recaídas. Es aquí donde la enseñanza de Martín Lutero sobre el cristiano como *simul iustus et peccator* puede ofrecer ánimo y esperanza para seguir confiando en Dios y participando en un programa de sobriedad.

Según Lutero, los creyentes son al mismo tiempo justos y pecadores, y constantemente luchan con su naturaleza pecaminosa, aun cuando se esfuerzan por vivir conforme a la voluntad de Dios. Esta enseñanza tiene profundas implicaciones en la recuperación de la adicción, ya que permite a las personas encontrar consuelo en el hecho de que sus luchas con la adicción no las definen por completo. Por lo tanto, en el próximo capítulo exploraremos cómo la enseñanza de Lutero sobre *simul iustus et peccator* puede ayudar a las personas con adicciones en su proceso de recuperación y cómo pueden encontrar esperanza y redención en medio de sus luchas.

Capítulo 4

La formulación de Lutero sobre *simul iustus et peccator* y la adicción

> …cuando se arrodilla en otros momentos y
> ora o medita o intenta lograr una comprensión
> espiritual más amplia de Dios en la medida en
> que puede entenderlo, no siente Nada —no la
> nada, sino la Nada, un vacío sin bordes que, de
> alguna manera, se siente peor que la especie de
> ateísmo irreflexivo con el que llegó.
>
> —David Foster Wallace, *Infinite Jest*

Una de las enseñanzas más profundas e impactantes de Martín Lutero fue su afirmación de que el creyente en Jesucristo es *simul iustus et peccator*, lo que se traduce como «al mismo tiempo justo y pecador». Esta enseñanza se encuentra en el núcleo de la teología de Lutero y es clave para comprender la vida cristiana. Lutero sostiene que los creyentes son justificados, es decir, declarados justos, únicamente por la fe en la obra redentora de Jesucristo. Sin embargo, también reconoce que los creyentes continúan luchando con la tentación y el pecado incluso después de experimentar esta justificación. Por lo tanto, esta doctrina tiene implicaciones significativas para las personas en recuperación de la adicción, quienes enfrentan una batalla constante contra su adicción y la persistente atracción de la tentación.

La enseñanza de Lutero sobre *simul iustus et peccator* reconoce la naturaleza compleja de la existencia humana, particularmente en lo que respecta a la adicción. Por un lado, las personas en recuperación han experimentado el poder transformador de la gracia de Dios y han sido declaradas justas por medio de la fe en Cristo. También han comenzado un proceso de sobriedad, que incluye sanidad y restauración. Sin embargo, la realidad de la lucha constante contra la adicción y la tentación persiste. La naturaleza pecaminosa dentro de ellas sigue manifestándose, haciéndolas tropezar y caer. Es en esta tensión entre la declaración de justicia y la lucha continua con el pecado donde las personas en recuperación encuentran consuelo y comprensión en la enseñanza de Lutero.

Comprenderse a uno mismo como *simul iustus et peccator* ofrece a las personas en recuperación una perspectiva teológica para interpretar su proceso de sanación. Reconoce que la recuperación no es un camino lineal de liberación instantánea de la adicción. En cambio, es una disciplina de por vida que implica maduración espiritual, transformación personal y una dependencia continua de la gracia de Dios en Jesucristo para todo. Quienes están en recuperación reconocen que, aunque han sido justificados por la fe en Cristo, todavía enfrentan los restos de sus patrones adictivos y la atracción de sustancias o comportamientos que antes los mantenían cautivos.

Pero la enseñanza de Lutero les recuerda que no están solos en su lucha. Son parte de una comunidad cristiana más amplia, en la que todos experimentan la tensión de ser al mismo tiempo justos y pecadores. Este reconocimiento fomenta la empatía, la compasión y el apoyo entre quienes están en recuperación, ya que pueden identificarse con las batallas de los demás y ofrecer ánimo en medio de luchas compartidas. La comprensión de *simul iustus et peccator* también disipa cualquier noción de juicio o condena, pues las personas en recuperación entienden que sus luchas no definen su valor ni su posición delante de Dios. En cambio, su identidad está firmemente arraigada en la justicia que les ha sido declarada e imputada gratuitamente a través de la fe en Cristo.

Además, la enseñanza de Lutero sobre *simul iustus et peccator* proporciona a las personas con adicciones un enfoque realista para su recuperación. Reconoce que la recuperación no es un destino final, sino un llamado continuo de Dios al arrepentimiento y la renovación. Invita a las personas en recuperación a aceptar su necesidad constante de la gracia de Jesucristo y a depender de su fortaleza para enfrentar los desafíos del proceso. Esta comprensión anima a quienes están en recuperación a perseverar y no perder la esperanza ante los retrocesos o recaídas. Entienden que la lucha contra la adicción es una batalla diaria, pero su justicia en Cristo los impulsa a seguir adelante, a resistir la tentación y a esforzarse continuamente por una relación más profunda con su Salvador.

Parte 1: El cristiano como *simul iustus et peccator*

La enseñanza de Lutero sobre *simul iustus et peccator* está arraigada en su comprensión de la justificación por la fe. Sostiene que los seres humanos son justificados, o considerados justos ante los ojos de Dios, no por sus buenas obras o méritos, sino únicamente por la fe en Cristo. Sin embargo, incluso después de la justificación, los creyentes siguen luchando contra el pecado. Lutero explica esta paradoja en su comentario sobre Gálatas:

> Porque, por un lado, es cierto que somos justificados, y que lo único necesario para nosotros es saber y creer esto. Por otro lado, encontramos que aún no somos completamente justos y que seguimos pecando. Estas dos cosas deben sostenerse juntas, a saber, que somos pecadores y que somos justos.[1]

Para Lutero, la vida cristiana es una lucha constante entre el viejo Adán, la naturaleza pecaminosa, y el nuevo hombre en Cristo, o la naturaleza regenerada. En una carta a su colega Felipe Melanchthon, escribe:

> Por lo tanto, esta vida no es justicia, sino crecimiento en justicia; no es salud, sino sanidad; no es ser, sino llegar a ser; no es descanso, sino ejercicio. Aún no somos lo que seremos, pero estamos creciendo hacia ello, el proceso aún no está terminado, pero sigue en marcha, este no es el fin, sino el camino.

---

[1] Martín Lutero, «Commentary on Galatians», en *Luther's Works*, vol. 26, ed. Jaroslav Pelikan (Concordia Publishing House, 1964), p. 183.

Todo aún no resplandece en gloria, pero todo está siendo purificado».[2]

En otras palabras, los creyentes no son perfectos, sino que están en un proceso continuo de morir al pecado y ser renovados por el perdón y la gracia de Dios. Este morir y renacer constante, día a día, se caracteriza por una toma de conciencia más profunda del propio pecado y una mayor dependencia de la justicia de Cristo como fuente de consuelo y fortaleza en medio de las luchas y aflicciones.

Manasés, por ejemplo, es uno de los reyes más perversos en la historia de Judá. Adora a dioses falsos, construye altares para ellos en el templo del Señor e incluso sacrifica a sus propios hijos. Como resultado de sus maldades, Dios permite que sea capturado por los asirios y llevado al exilio (2 R 21:1-8; 2 Cr 33:1-20). Sin embargo, durante su cautiverio, Dios lleva a Manasés al arrepentimiento, y al hacerlo, lo impulsa a clamar a él en busca de perdón y misericordia. Dios escucha su oración y lo restaura a su trono en Jerusalén.

Después de su regreso, Manasés se aparta completamente de sus caminos malvados y comienza a servir al Señor. Elimina los ídolos y altares de dioses falsos, restaura el templo del Señor y anima al pueblo a adorar al Dios verdadero. Finalmente, se aleja del trono y dedica sus últimos días al cuidado del jardín en su patio trasero.

---

[2] Martín Lutero, «Carta a Felipe Melanchthon, 1 de agosto de 1521», en *Luther's Works*, vol. 48, ed. Jaroslav Pelikan, Hilton C. Oswald y Helmut T. Lehmann (Concordia Publishing House, 1963), p. 276.

Así, la historia de Manasés es un poderoso ejemplo de morir al pecado y ser levantado a una nueva vida por Dios. A pesar de su extrema maldad, Dios no se da por vencido con Manasés. En cambio, permite que experimente las consecuencias de su pecado, lo que lo lleva al arrepentimiento y la restauración. Por medio de la gracia y la misericordia de Dios, Manasés es transformado de rey perverso a siervo fiel de Dios, de tirano homicida a humilde jardinero.

De manera similar, en el libro del profeta Isaías, vemos cómo incluso los predicadores fieles de Dios pueden luchar contra la tentación del pecado. En este pasaje, Isaías tiene una visión del Señor sentado en su trono, rodeado de ángeles. Abrumado por la majestad y la santidad de Dios, Isaías exclama: «¡Ay de mí, que estoy perdido! Soy un hombre de labios impuros y habito en medio de un pueblo de labios blasfemos, y mis ojos han visto al Rey, al Señor Todopoderoso» (Is 6:5). Isaías reconoce que es un pecador en la presencia de un Dios santo. Es *simul iustus et peccator*, al mismo tiempo justificado y pecador. Sin embargo, Dios no lo rechaza ni lo deja en su pecado. En cambio, uno de los ángeles toma un carbón del altar y toca los labios de Isaías, diciéndole: «Tu culpa ha sido quitada y tu pecado ha sido perdonado» (Is 6:7).

A través de esta visión, Isaías experimenta tanto la realidad de su pecado como la gracia del perdón de Dios. Es justificado por la expiación de Dios, pero sigue siendo un pecador necesitado de su misericordia y gracia. Esta experiencia moldea el ministerio profético de Isaías, convirtiéndolo en una voz de la justicia y la misericordia de Dios para un pueblo pecador. Por lo tanto, la visión de Isaías ilustra la tensión entre la justificación y la pecaminosidad que está en el centro de la enseñanza de Lutero sobre el cristiano como *simul iustus et peccator*. Somos justificados por la fe en Cristo, pero seguimos siendo pecadores que necesitan continuamente la gracia y el perdón de Dios.

Así, la enseñanza sobre *simul iustus et peccator* tiene implicaciones profundas para las personas en recuperación de la adicción. La adicción no solo afecta el cuerpo, sino también la mente, el espíritu y las relaciones. Es una enfermedad que puede superarse por la gracia de Cristo, pero que al mismo tiempo exige un compromiso de por vida con la sobriedad y una dependencia cada vez más profunda de Jesucristo. La enseñanza de Lutero sobre *simul iustus et peccator* puede ayudar a quienes luchan contra la adicción a comprender y afrontar el proceso de recuperación de varias maneras.

Parte 2: Reconocer la propia pecaminosidad y la dependencia de la justicia de Cristo

El primer paso en el proceso de recuperación es reconocer la propia pecaminosidad y la necesidad de perdón y sanidad. La enseñanza de Lutero sobre *simul iustus et peccator* enfatiza la realidad del pecado humano y la lucha constante contra la tentación y la adicción. Esta enseñanza puede ayudar a las personas con adicciones a aceptar su muerte espiritual y comenzar el proceso de sanación real de los estragos causados por la adicción.

En su comentario sobre Romanos, Lutero escribe:

> «Todos somos ladrones, y cada uno de nosotros merece la horca. Cristo, sin embargo, tomó sobre sí la forma de un pecador y soportó el castigo del pecado, no por sus propios pecados, sino por los nuestros. De esta manera, anuló el acta de los decretos que nos era contraria y la clavó en la cruz».[3]

A partir de esto, podemos aprender a reconocer, junto con el apóstol Pablo, que el pecado es una aflicción universal. Sin embargo, cuando lo mantenemos en tensión con el sacrificio de Cristo por los pecadores, esta enseñanza ofrece esperanza a quienes sienten que están atrapados en su adicción. Al confesar su pecaminosidad y volverse a Cristo en busca de perdón y sanidad, Dios comienza a liberar a la persona del dominio de su adicción y la encamina hacia la recuperación.

Vemos un ejemplo de esto en el Evangelio de Juan, cuando los escribas y fariseos traen ante Jesús a una mujer acusada de adulterio, exigiendo que sea apedreada, conforme al castigo estipulado en la ley judía. Sin embargo, Jesús responde: «Aquel de ustedes que esté libre de pecado, que tire la primera piedra» (Jn 8:7). Al escuchar esto, los acusadores, al darse cuenta de su propia pecaminosidad, sueltan sus piedras y se marchan. Jesús entonces le dice a la mujer: «Tampoco yo te condeno. Ahora vete y no vuelvas a pecar» (Jn 8:11). Este episodio ilustra tanto la pecaminosidad de la humanidad como el perdón y la misericordia disponibles a través de Jesucristo.

---

[3] Martín Lutero, «Comentario sobre Romanos», en *Luther's Works*, vol. 25, ed. Jaroslav Pelikan (Concordia Publishing House, 1963), pp. 301-302.

En estos y otros relatos en los evangelios, Jesús enfatiza la necesidad del arrepentimiento y la fe como el camino a la salvación. También resalta la importancia de mostrar misericordia y perdón a los demás, así como nosotros hemos recibido misericordia y perdón de Dios. Estos ejemplos muestran cómo el viejo proverbio «todos somos ladrones, y cada uno de nosotros merece la horca» es contrarrestado por la gracia y el perdón disponibles en Jesucristo.

El segundo aspecto de la enseñanza de Lutero sobre *simul iustus et peccator* que puede ayudar a las personas en recuperación de la adicción es la idea de la dependencia de la justicia de Cristo. La adicción es una aflicción que a menudo surge de un profundo sentimiento de vergüenza, culpa y autodesprecio. Quienes sufren de adicción pueden sentir que están más allá de la redención o que no son dignos del amor y la aceptación de Dios. La enseñanza de Lutero enfatiza que la justificación y la justicia no provienen de nuestros propios esfuerzos, sino de la fe en Cristo. En su comentario sobre Gálatas, Lutero escribe:

> Porque la fe no otorga justicia porque contribuya en algo a nuestra salvación, sino porque recibe la promesa que es ofrecida en el mensaje del evangelio, a saber, el perdón de los pecados y la justificación.[4]

Al depender de la justicia de Cristo y no de la suya propia, las personas en recuperación pueden comenzar a liberarse del ciclo de vergüenza y autodesprecio que a menudo acompaña a la adicción. En lugar de

---

[4] Martín Lutero, «Commentary on Galatians», en *Luther's Works*, vol. 26, ed. Jaroslav Pelikan (Concordia Publishing House, 1963), p. 121.

eso, pueden encontrar esperanza en la promesa del perdón y la justificación por la fe en Jesucristo.

Ejemplos de esto se encuentran en el libro de Jueces, en las historias de Gedeón y Sansón. Dios eligió a Gedeón para liberar a Israel de los madianitas. A pesar de sus dudas y temores, Gedeón demuestra fe en la promesa de Dios de estar con él y darle la victoria. En Jueces 6:14-16, el ángel del Señor le dice a Gedeón:

> «El Señor lo encaró y le dijo: —Ve con la fuerza que tienes y salvarás a Israel del poder de los madianitas. Yo soy quien te envía. —Pero, Señor —replicó Gedeón—, ¿cómo voy a salvar a Israel? Mi clan es el más débil de la tribu de Manasés, y yo soy el más insignificante de mi familia. El Señor respondió: —Tú derrotarás a los madianitas como si fueran un solo hombre, porque yo estaré contigo».

Por medio de la fe en la promesa de Dios de estar con él, Gedeón logra superar sus dudas y temores y, finalmente, liberar a Israel de sus opresores.

Dios también escoge a Sansón para liberar a Israel de sus enemigos, los filisteos. A pesar de sus defectos y debilidades, Sansón demuestra fe en la promesa de Dios de estar con él y fortalecerlo. En Jueces 16:28-30, leemos:

> Entonces Sansón oró al Señor: «Señor mi Dios, acuérdate de mí. Te ruego que me fortalezcas una vez más, y que con un solo golpe me desquites de los filisteos por la pérdida de mis dos ojos». Luego Sansón palpó las dos columnas centrales sobre las que descansaba el edificio, y se apoyó contra ellas, con la mano derecha en una y la izquierda en la otra. Y gritó: «¡Muera yo junto con los filisteos!». Entonces

empujó con todas sus fuerzas, y el edificio se vino abajo sobre los jefes y sobre toda la gente que estaba allí. Así que en su muerte Sansón mató a más personas que las que había matado durante su vida (Jue 16:28-30, NVI).

Al igual que Gedeón, Sansón, por la fe en la promesa de Dios de darle fuerzas, logra cumplir los propósitos divinos y liberar a Israel de sus enemigos aun en su estado de debilidad. En ambos ejemplos, vemos individuos que encuentran esperanza en la promesa de la presencia y el poder de Dios a pesar de sus debilidades y limitaciones. Mediante la fe en las promesas divinas, pueden vencer sus temores y dudas y realizar grandes obras para el reino de Dios.

Parte 3: Confiar en la fortaleza y la gracia de Cristo para perseverar

El último aspecto de la enseñanza de Lutero sobre el *simul iustus et peccator* que puede ayudar a los adictos en recuperación es la perseverancia en la lucha contra el pecado y la adicción. La recuperación es una disciplina de por vida, y los adictos inevitablemente enfrentarán reveses, tentaciones y recaídas en el camino. La enseñanza de Lutero enfatiza la lucha constante entre el viejo Adán —nuestra naturaleza pecaminosa— y el nuevo hombre en Cristo —nuestra naturaleza regenerada— y la necesidad de perseverar en la fe. En su comentario sobre Romanos, Lutero escribe:

> «La justicia de la fe, entonces, no solo está presente, sino que está creciendo y aumentando en los creyentes a medida que luchan contra el pecado y la

tentación. Porque mientras vivamos en esta carne, siempre tendremos que enfrentarnos al viejo Adán. Pero por la fe, podemos dar muerte a las obras de la carne y andar en novedad de vida».[5]

Al comprender la lucha constante contra el pecado y la adicción, y al confiar en la fortaleza y la gracia de Cristo para perseverar, los adictos pueden encontrar el valor y la determinación para seguir en el camino de la recuperación.

Una vez más, podemos acudir a los evangelios para ilustrar este punto final. En la historia del paralítico en Marcos 2:1-12, un grupo de hombres lleva a su amigo paralítico ante Jesús para que lo sane. Jesús perdona los pecados del hombre y, cuando los líderes religiosos lo cuestionan, les dice: «¿Qué es más fácil, decirle al paralítico: "Tus pecados son perdonados", o decirle: "Levántate, toma tu camilla y anda"?» (Mc 2:9). Luego, Jesús le ordena al hombre que se levante y camine, demostrando la interconexión entre la sanidad física y espiritual. Esta historia muestra que a Jesús le importa tanto nuestro bienestar físico como espiritual y que no permitirá que el pecado sea una barrera para atender a ambos.

A continuación, en los eventos previos a la crucifixión de Jesús, Pedro niega conocerlo tres veces (Mt 26:69-75). Después de la tercera negación, llora amargamente al recordar la advertencia previa de Jesús de que lo negaría tres veces antes de que cantara el gallo. Esta historia ilustra la tendencia humana

---

[5] Martín Lutero, «Romans Commentary,» en *Luther's Works*, vol. 25, ed. Jaroslav Pelikan, (Concordia Publishing House, 1963), p. 117.

a caer en el pecado, incluso entre aquellos más cercanos a Jesús, y subraya la importancia del arrepentimiento y el perdón para restaurar las relaciones rotas con Dios.

Finalmente, en el ejemplo de los dos hombres crucificados junto a Jesús, uno de los criminales se burla de él, pero el otro lo reprende y le pide a Jesús que lo recuerde cuando venga en su reino. Jesús le responde: «Te aseguro que hoy estarás conmigo en el paraíso» (Lc 23:39-43). Esta historia resalta el poder del arrepentimiento y la fe, incluso en el último momento de la vida de una persona. El ladrón en la cruz reconoce su pecado y pide perdón, y Jesús le ofrece la vida eterna. Este ejemplo muestra que, incluso en el umbral de la muerte, aún hay esperanza de redención por medio de la fe en Cristo.

La doctrina del *simul iustus et peccator* ofrece una perspectiva profunda para comprender la vida cristiana en el contexto de la lucha contra la adicción y la recuperación. Al reconocer que somos a la vez justos y pecadores —pecadores en nosotros mismos, pero declarados justos en Cristo Jesús por la fe— podemos evitar los peligros del legalismo y la desesperanza, encontrando en su lugar esperanza y fortaleza en la gracia de Dios. Somos santos y pecadores al mismo tiempo, y lo seremos hasta el día de nuestra muerte. Pero por la fe en Cristo, podemos confiar en que él dará muerte a nuestra dependencia de nuestros propios esfuerzos y obras, para que podamos caminar con él en la novedad de vida.

Para los adictos en recuperación, la doctrina del *simul iustus et peccator* ofrece una manera de aceptar la realidad de sus pecados pasados y sus luchas presentes, mientras encuentran esperanza en la promesa del perdón y la justificación por la fe en Jesucristo. Al reconocer que aún no somos lo que llegaremos a ser, pero estamos avanzando en ese camino, los adictos pueden hallar consuelo en el hecho de que la recuperación es un proceso, no un destino. Al confiar en la obra de Jesucristo para su bienestar último, reciben la fortaleza para continuar en arrepentimiento, fe y sanidad.

En última instancia, la doctrina del *simul iustus et peccator* nos permite sostener la tensión entre nuestra pecaminosidad y la justicia que nos es otorgada por la fe en Jesucristo, quien está con nosotros en nuestras luchas, dándonos esperanza, perdonando nuestros pecados pasados y guiándonos hacia la recompensa de la vida eterna. Al abrazar esta realidad paradójica, podemos encontrar la libertad y el gozo que provienen de vivir en la gracia de Dios, como escribió Pablo en Romanos 7:24-25: «¡Soy un pobre miserable! ¿Quién me librará de este cuerpo mortal? ¡Gracias a Dios por medio de Jesucristo nuestro Señor! En conclusión, con la mente yo mismo me someto a la ley de Dios, pero mi naturaleza pecaminosa está sujeta a la ley del pecado».

Parte 4: Muertos al pecado, resucitados a nueva vida en la fe

Cuando abrazamos la paradoja de que somos simultáneamente pecadores en nosotros mismos y justificados por la fe en Cristo, comenzamos a entender cómo la recuperación es, en muchos sentidos, un reflejo de la vida cristiana, en la que los creyentes son llamados a dar muerte al poder del pecado y resucitar a una nueva vida en Cristo. En Romanos 6:6, el apóstol Pablo escribe: «Sabemos que nuestra vieja naturaleza fue crucificada con él para que nuestro cuerpo pecaminoso perdiera su poder, de modo que ya no siguiéramos siendo esclavos del pecado».

Este versículo enfatiza la necesidad de crucificar al viejo yo —manifestado en la adicción— y permitir que quede sin poder. La recuperación exige un cambio de corazón y una nueva disposición para confrontar y desmantelar los patrones destructivos que sustentan la adicción, reconociendo la necesidad de una transformación radical que solo Dios puede realizar. Lutero describe acertadamente esta experiencia al afirmar:

> «El viejo Adán en nosotros debe ser ahogado y morir cada día con todos los pecados y malos deseos mediante la contrición y el arrepentimiento, y debe surgir y resucitar cada día un nuevo hombre para vivir ante Dios en justicia y pureza para siempre».[6]

El bautismo diario al que se refiere Lutero abarca la disciplina continua de la recuperación. Implica la acción ininterrumpida de Dios, que da muerte a nuestro pecado, incluyendo el poder de la adicción, y nos resucita a una nueva vida en la fe en Cristo. Así, cada día se presenta como una oportunidad para renovar el compromiso con la sobriedad, enfrentar las heridas y luchas subyacentes que alimentan la adicción y aferrarse al poder transformador de la gracia de Dios.

---

[6] Martin Luther, «El Catecismo Mayor», en *The Book of Concord: The Confessions of the Evangelical Lutheran Church*, ed. Robert Kolb y Timothy J. Wengert (Fortress Press, 2000), p. 360.

Los ejemplos bíblicos iluminan esta paradoja, como la vida del apóstol Pablo. Antes de su conversión, Pablo era un perseguidor ferviente de los cristianos. Sin embargo, mediante un encuentro dramático con Cristo en el camino a Damasco, fue convertido y se convirtió en una de las figuras más influyentes del movimiento cristiano primitivo (Hch 9:1-31).

En su carta a los Gálatas, Pablo escribe: «He sido crucificado con Cristo, y ya no vivo yo, sino que Cristo vive en mí» (Gal 2:20). Esta declaración profunda encapsula la esencia de la recuperación. Jesús derrota al viejo yo, con sus hábitos y patrones destructivos, al venir a vivir con nosotros y obrar para nuestro bien. Es a través de esta derrota, esta rendición forzada y esta nueva relación con Jesucristo, que las personas en recuperación pueden experimentar un verdadero cambio de corazón y liberación de la esclavitud de la adicción.

Tanto Pablo como Lutero reconocen la realidad de nuestra naturaleza caída y la lucha constante contra el pecado. Sin embargo, también afirman el poder de la gracia de Dios y la obra del Espíritu Santo para dar muerte al pecado en nosotros y resucitarnos a una vida nueva para caminar con Jesucristo en su perdón y gracia. Como lo expresa bellamente Lutero: «Dios no salva a aquellos que son solo pecadores imaginarios. Sé un pecador y peca con valentía, pero cree y alégrate en Cristo aún con más valentía».[7] Esta declaración paradójica enfatiza la necesidad de reconocer

---

[7] «Deja que tus pecados sean fuertes: Una carta de Lutero a Melanchthon: Carta n.º 99, 1 de agosto de 1521: Desde el Castillo de Wartburg», trad. por Erika Bullmann Flores, http://www.ctsfw.net/media/pdfs/LutherToMelanchthon.pdf.

que, en nosotros mismos, somos hombres muertos en vida. Sin embargo, nuestra confianza última en la obra redentora de Cristo significa que la muerte no tiene la última palabra sobre nuestro destino eterno.

Por lo tanto, la recuperación no es un proceso que se emprende en aislamiento; es un aferrarse diariamente a la gracia de Dios. Así como una gota de agua se aferra al costado de una jarra, nos aferramos a Dios mientras él ahoga constantemente nuestras debilidades y luchas para resucitarnos a una nueva vida y caminar con Jesús en justicia, inocencia y bienaventuranza para siempre. En esto encontramos la libertad de admitir con valentía y confianza que nuestra identidad se encuentra en Cristo, no en nuestras elecciones pasadas, comportamientos o adicciones. Y como escribe el apóstol Pablo en 2 Corintios 5:17: «Por lo tanto, si alguien está en Cristo, es una nueva creación. ¡Lo viejo ha pasado, ha llegado lo nuevo!». Esta verdad ofrece esperanza y aliento a quienes están en recuperación, recordándoles que no están definidos por su pasado ni por su adicción, sino por su nueva vida en Cristo.

Así, aferrarnos a la gracia de Dios es reconocer que no podemos vencer la adicción con nuestras propias fuerzas. Reconocemos nuestra necesidad desesperada de la intervención de Dios y confiamos en su poder para transformarnos. Como afirma Lutero: «Esta vida, por lo tanto, no es la piedad misma, sino el proceso de volverse piadoso; no es la salud, sino el proceso de sanación; no es el ser, sino el llegar a ser; no es el descanso, sino el ejercicio».[8] La recuperación, por lo tanto,

---

[8] Martín Lutero, «Defense and Explanation of All the Articles», en *Luther's Works*, vol. 32: Career of the Reformer

no es un destino sino una experiencia diaria de sanación y transformación. Es un ejercicio continuo de fe,
confiándonos a la obra de Dios en nuestras vidas.

En la disciplina de la recuperación, confronta-
mos la realidad de que nuestras elecciones pasadas,
comportamientos y adicciones no nos definen. No
estamos atrapados por nuestras decisiones ni por las
cadenas que una vez nos ataron. En cambio, nuestra
identidad se encuentra en Jesucristo, quien nos ha
redimido y liberado de nuestra esclavitud a la adicción. Este reconocimiento se alinea con la comprensión de Lutero de la vida cristiana como una muerte
y resurrección diarias. El viejo yo, caracterizado por
la muerte espiritual dentro de la adicción, ha pasado.
En su lugar, surge una nueva creación, una persona
transformada por la gracia de Cristo, revestida de su
justicia y llamada a caminar en novedad de vida con
Jesús todos los días de su vida.

Y como se ha mencionado anteriormente, sus
luchas o fracasos pasados ya no los definen, sino su
realidad presente como nuevas creaciones en Cristo.
A través del poder de la muerte y resurrección de
Cristo, han sido liberados del dominio de la adicción
y ahora están fortalecidos para vivir con su Dios y
Salvador en justicia y pureza.

Al abrazar la realidad de vivir como *simul iustus
et peccator*, las personas en recuperación encuentran
esperanza y aliento. Comprenden que la lucha diaria con la adicción no los descalifica del perdón y la
gracia de Dios. Más bien, les recuerda su continua

II, ed. George W. Forell y Helmut T. Lehman (Fortress Press,
1958), p. 24.

necesidad de la buena obra de Dios en sus vidas. Entonces, la recuperación se convierte en un testimonio del poder de la muerte y resurrección de Cristo, ya que él continuamente da muerte al viejo yo y al poder del pecado y nos resucita a una nueva vida para que podamos caminar con él hacia la resurrección a la vida eterna.

Capítulo 5

Las enseñanzas de Lutero sobre la elección, los sacramentos y la adicción

La búsqueda del alcohol se convierte en
un símbolo distorsionado de recompensa,
un agente entumecedor que satisface
temporalmente el anhelo de una vida mejor.

—Rove Monteux,
What is Wrong with Society Today

Al profundizar en la enseñanza de Martín Lutero sobre la importancia de la elección de Dios y el significado de los sacramentos en la vida de los cristianos, descubrimos un andamiaje teológico que sostiene a las personas que luchan con la adicción.[1] Las enseñanzas de Lutero ofrecen un poderoso mensaje de esperanza y consuelo para aquellos atrapados en las garras

---

[1] Los sacramentos son literalmente «promesas a las que se les han añadido signos», como escribe Lutero en «The Babylonian Captivity of the Church», en *Luther's Works*, vol. 36, editado por Abdul Ross Wentz y Helmut T. Lehmann (Fortress Press, 1959), pp. 124-126.

de la adicción, brindándoles una elección divina que abre una puerta a la redención y la sanidad.

Lutero aboga enérgicamente por la enseñanza bíblica de la elección, testificada por el evangelista Juan, quien registra que Jesús dijo: «No me eligieron ustedes a mí, sino que yo los elegí a ustedes y los comisioné para que vayan y den fruto, un fruto que perdure. Así el Padre les dará todo lo que le pidan en mi nombre» (Jn 15:16). Basado en el Evangelio de Juan y numerosos otros textos bíblicos, Lutero afirma que Dios, en su infinita sabiduría y misericordia, elige a las personas para la salvación según su gracia y no por ningún mérito o dignidad propios. Para aquellos que están agobiados por la adicción, esta enseñanza tiene un significado inmenso. Les asegura que sus errores pasados o luchas presentes no determinan su valor ni su identidad. En cambio, su consuelo radica en saber que el amor y la aceptación de Dios son incondicionales y que él los ha elegido específicamente a través del sufrimiento y la muerte sangrienta de Jesús en la cruz.

Además, la formulación de Lutero sobre la elección destaca el papel de los sacramentos como medios tangibles y perceptibles para recibir el perdón y la gracia de Dios.[2] Los sacramentos, en particular el bautismo y la Santa Cena, tienen un gran significado para Lutero. El bautismo es el lavamiento del pecado mediante la acción de la Palabra de Dios y el Espíritu Santo, y una iniciación en la comunidad de creyentes. Mientras tanto, la Santa Cena proclama el sustento y

---

[2] Otra manera de concebir los sacramentos del bautismo y la Santa Cena es como «palabras visibles» que entregan las promesas de perdón, nueva vida y vida eterna de Dios.

la alimentación continua de la fe del creyente a través de la participación del cuerpo y la sangre de Jesús, «que es derramada por muchos para el perdón de los pecados» (Mt 26:28).

Para las personas que luchan con la adicción, estos sacramentos sirven como poderosos recordatorios de que Dios los ha elegido no solo para ser su pueblo escogido, sino para ser sus hijos, quienes diariamente experimentan renovación y restauración a través de sus promesas de perdón, vida y salvación, las cuales se hacen tangibles en los sacramentos. Los sacramentos proporcionan una conexión palpable con la gracia de Dios, reforzando el mensaje de que el perdón y la sanidad están disponibles para todos los que los buscan.

En su proceso de recuperación, quienes luchan con la adicción pueden encontrar consuelo en la teología de Lutero a través de la guía del Espíritu Santo. Lutero enfatiza el papel del Espíritu Santo como aquel que empodera y transforma a los creyentes, fortaleciéndolos para superar sus luchas y vivir una nueva vida con Jesucristo. Reconocer la presencia del Espíritu Santo y su obra activa en sus vidas trae esperanza y fortaleza a quienes batallan contra la adicción, asegurándoles que no enfrentan sus desafíos solos. La guía y el apoyo del Espíritu Santo proporcionan la fortaleza y la resistencia necesarias para vencer el dominio de la adicción y abrazar una vida de libertad y plenitud.

En última instancia, las enseñanzas de Lutero sobre la elección de Dios y los sacramentos ofrecen un mensaje convincente sobre el perdón inmerecido y la gracia de Dios, que habla profundamente al corazón de las personas que luchan con la adicción. Les recuerda que su pasado no los define y que Dios los ama y elige, sin importar sus luchas. A través de la promesa tangible del perdón y la gracia de Dios en los sacramentos y la guía del Espíritu Santo, aquellos que enfrentan la adicción pueden encontrar esperanza, restauración y un renovado sentido de propósito al ser sumergidos en una nueva vida de recuperación y sanidad.

Parte 1: El poder de la gracia y el perdón de Dios

En el núcleo de la teología de Martín Lutero se encuentra una creencia provocativa en la gracia y el perdón ilimitados de Dios. Lutero entiende que los seres humanos son inherentemente pecadores y están lejos del estándar de justicia de Dios. Sin embargo, enfatiza que la profundidad de nuestras luchas o la gravedad de nuestros pecados no limitan la misericordia y el perdón de Dios. En su *Disputa de Heidelberg* de 1518, Lutero proclamó con valentía: «El amor de Dios no encuentra lo que le agrada, sino que lo crea».[3]

Pero, ¿cómo puede Dios tomar a pecadores que no alcanzan su justicia y hacer algo digno de su amor? La intención de Lutero no es fomentar un estilo de vida de pecado impenitente, como si nuestro pecado continuo y no arrepentido nos hiciera más entrañables para Dios. Más bien, busca transmitir la profundidad del amor y la misericordia de Dios, que sobrepasan nuestro entendimiento. Lutero reconoce que,

---

[3] Martín Lutero, «The Heidelberg Disputation», en *Luther's Works*, vol. 31: Career of the Reformer I, ed. Harold J. Grimm (Concordia Publishing House, 1957), p. 41.

si nos enfocamos únicamente en nuestros pecados —reales o imaginarios— y permitimos que la culpa y la vergüenza nos paralicen, no podremos abrazar plenamente la gracia y el perdón que Dios nos ofrece libremente a través de su obra para hacernos dignos de su amor.

Las palabras de Lutero nos recuerdan que el amor y el perdón de Dios no dependen de nuestros esfuerzos por ser justos. En cambio, es a través de la fe en Cristo y de la obra de Dios —algo imposible de lograr por nuestras propias fuerzas— que encontramos verdadera sanidad y restauración. Esto significa que el Espíritu Santo, obrando a través de los predicadores y los sacramentos, se convierte en el vehículo mediante el cual la gracia divina de Dios es imputada a los individuos, allanando el camino para un cambio de corazón y una renovación de vida.

Por esta razón, en la teología de Lutero, los sacramentos juegan un papel significativo en la recepción de la gracia de Cristo. El bautismo, por ejemplo, es visto como un acto poderoso del Espíritu Santo que da muerte al viejo yo pecador y levanta una nueva vida, declarando santo a un pecador a través de la fe en Cristo. A través de esta promesa tangible, los individuos son limpiados de sus pecados y unidos a Cristo, convirtiéndose en partícipes de su obra redentora. Lutero escribe en su *Catecismo Mayor* que el bautismo «no es otra cosa que la muerte del viejo Adán y la resurrección de la nueva criatura, ambas cosas han de continuar en nosotros durante toda nuestra vida».[4]

---

[4] Martín Lutero, «El Catecismo Mayor», en *The Book of Concord: The Confessions of the Evangelical Lutheran Church*,

De manera similar, el sacramento de la Cena del Señor, también conocido como la Santa Comunión, es una recepción tangible y perceptible del cuerpo y la sangre de Cristo. Al participar de este sacramento, los creyentes son nutridos espiritualmente, recibiendo el perdón de los pecados, nueva vida y salvación eterna. Una vez más, en el *Catecismo Mayor*, Lutero afirma: «Por esta razón [Jesús] me ordena comer y beber, para que sea mío y me beneficie como prenda y señal segura —de hecho, como el mismo regalo que él ha provisto para mí contra mis pecados, la muerte y todos los males».[5]

A través de los predicadores del Espíritu Santo y los sacramentos, a los individuos se les recuerda constantemente que la gracia de Dios no conoce límites. No hay pecado demasiado grande ni lucha demasiado abrumadora que la gracia y la misericordia de Dios no puedan vencer. La teología de Lutero, por lo tanto, brinda un profundo consuelo a aquellos que llevan la carga de la adicción, afirmando que no están abandonados ni condenados por Dios, sino llamados a creer con valentía y a regocijarse en la obra redentora de Cristo.

Por ejemplo, en Josué 2:1-21 y 6:22-25, leemos acerca de Rahab. Rahab era una prostituta que vivía en la ciudad de Jericó, un lugar conocido por su idolatría y maldad. Sin embargo, cuando los espías israelitas entraron en Jericó, Rahab los protegió y confesó su fe en el Dios de Israel. Como resultado, Dios salvó a Rahab y a su familia durante la conquista de Jericó.

---

ed. Robert Kolb y Timothy J. Wengert (Fortress Press, 2000), p. 465.

[5] Ibid., p. 469.

Más adelante, Rahab llegó a formar parte del linaje de Jesucristo, ejemplificando para las generaciones futuras cómo la misericordia de Dios se extiende incluso a los individuos más inesperados.

De manera similar, en Juan 4:1-12, Jesús habla con una mujer samaritana y el resultado para ella es el mismo que para Rahab. La mujer samaritana con la que Jesús conversa junto a un pozo es una marginada, conocida por su estilo de vida pecaminoso y sus matrimonios fallidos. Cuando Jesús la aborda en conversación, revela su pasado y le ofrece el agua viva de la vida eterna. A través de su compasión y gracia, la mujer samaritana experimenta un cambio profundo. Se convierte en evangelista, compartiendo las buenas nuevas con su comunidad, y gracias a su testimonio, muchos otros son convertidos y creen que Jesús es también su Salvador.

Al comprender y aferrarse a la misma gracia y perdón ilimitados que Dios extendió a estas dos mujeres, las personas en adicción y en recuperación pueden encontrar el valor para confrontar sus pecados con honestidad y recibir la obra de Dios por lo que es: un regalo dado gratuitamente por causa de Jesucristo. Pueden hallar esperanza en la certeza de que sus luchas no definen su valor ni los separan del amor de Dios. Más bien, son invitados a acercarse con valentía al trono de la gracia de Dios, confiando en que su misericordia y perdón están disponibles para todos los que se vuelven a Cristo Jesús en fe.

La teología de Lutero sobre la gracia y el perdón ilimitados de Dios, reforzada por los predicadores del Espíritu Santo y los sacramentos, ofrece esperanza a quienes navegan el complejo camino de la adicción y la recuperación. Ilumina el sendero hacia la sanidad y la restauración, recordando a cada persona que, por muy profundo que haya caído, la misericordia de Dios se extiende aún más lejos. A través de la fe en Cristo y la recepción de la gracia de Dios, los adictos y quienes están en recuperación experimentan la profunda liberación que rompe las cadenas de la adicción y abre la puerta a una vida renovada de propósito y gozo.

Así, en la teología de Lutero, el énfasis en la gracia y el perdón ilimitados de Dios no minimiza la seriedad del pecado. Más bien, resalta la magnitud incomparable del amor y la misericordia de Dios en Jesucristo. Lutero entiende que el peso de la culpa y la vergüenza puede ser abrumador para quienes luchan contra la adicción. Reconoce que las personas pueden cuestionarse si realmente merecen el perdón de Dios y dudar de que sus pecados puedan ser alguna vez absueltos.

Sin embargo, la teología de Lutero es un poderoso recordatorio de que la gracia de Dios no se gana, sino que es un regalo gratuito. No depende de nuestros esfuerzos por ser justos o merecedores. Más bien, está arraigada en la obra sacrificial de Jesucristo en la cruz, donde él lleva el peso de nuestros pecados y ofrece redención a todos los que creen en él.

Vemos esto de manera más radical en el relato del carcelero de Filipos en Hechos 16:16-40. Mientras Pablo y Silas están encarcelados en Filipos, un terremoto sacude la prisión, abre las puertas y suelta las cadenas de los prisioneros. Temiendo que los prisioneros hayan escapado y que él sufra las consecuencias, el carcelero está a punto de quitarse la vida cuando Pablo le grita, asegurándole que todos siguen allí. Conmovido por esta muestra de poder sobrenatural y compasión, el carcelero les pregunta a Pablo y a Silas: «Señores, ¿qué tengo que hacer para ser salvo?» Ellos responden: «Cree en el Señor Jesús; así tú y tu familia serán salvos». El carcelero y su familia creen de inmediato y son bautizados, enfatizando que la salvación no se obtiene por esfuerzos personales o rituales, sino únicamente por la fe en Jesucristo.

Esta comprensión de la gracia de Dios anima y fortalece a quienes luchan contra la adicción para que oren a Dios en busca de salvación con honestidad y humildad. Pueden depositar sus cargas a los pies de Cristo, confiando en su poder para perdonar y restaurar. La teología de Lutero, por lo tanto, invita a las personas a reconocer que su pecado no las descalifica del amor de Dios, sino que más bien pone de manifiesto la profundidad de su perdón y su gracia.

Y al abrazar esta perspectiva teológica, los adictos y quienes están en proceso de recuperación encontrarán la libertad de reconocer su muerte espiritual sin ser definidos por ella. En cambio, son liberados por el perdón de Dios para enfrentar su adicción con valentía y buscar el apoyo y los recursos necesarios para su recuperación y sanidad continua. En lugar de ser abrumados por la culpa y la vergüenza, pueden aferrarse a la promesa del perdón de Dios y encontrar fortaleza en el conocimiento de que su valor no está determinado por sus luchas, sino por el amor inmensurable de su Padre celestial.

Parte 2: La seguridad de la elección de Dios

La enseñanza de Lutero sobre la elección ofrece un mensaje radical de esperanza y aliento para quienes luchan contra la adicción. A lo largo de sus escritos, Lutero enfatiza que la decisión de Dios de justificar a los pecadores se extiende a todas las personas, sin importar sus decisiones pasadas o sus luchas presentes. Este mensaje liberador asegura a los adictos y a quienes están en recuperación que su adicción no define su identidad; más bien, su identidad está definida por la amorosa y deliberada elección de Dios.

En lo más profundo de la adicción, las personas suelen enfrentar sentimientos abrumadores de culpa, vergüenza y desesperanza. Pueden luchar contra una sensación de inutilidad, creyendo que su adicción no solo define su vida, sino su ser entero. Sin embargo, la enseñanza de Lutero sobre la elección les brinda una perspectiva transformadora, asegurándoles que su verdadera identidad está en la decisión misericordiosa de Dios de amarlos y redimirlos a través de la vida, muerte y resurrección de Jesucristo.

Al dirigir su atención a la cruz de Cristo, quienes enfrentan la adicción pueden encontrar consuelo y paz. La cruz es la máxima y definitiva expresión del perdón y la gracia de Dios, pues Jesús, por su propia voluntad, cargó con el peso de los pecados de la humanidad. Es en la cruz donde el poder de la adicción es confrontado y vencido, ya que el sacrificio de Cristo abre el camino a la redención y la restauración.

Comprender que son amados y escogidos por Dios, incluso en sus momentos de mayor debilidad, es una fuente de profundo consuelo y fortaleza para quienes atraviesan la adicción y la recuperación. La enseñanza de Lutero sobre la elección les asegura que sus luchas no definen su valor ni determinan su destino final. Más bien, están firmemente sostenidos en el abrazo del amor inquebrantable de Dios y en su propósito, que es «llevar buenas noticias a los pobres… sanar a los quebrantados de corazón, proclamar liberación a los cautivos y libertad a los prisioneros», como declara el profeta (Is 61:1).

Consideremos la historia de Jonás, el predicador de Dios a quien se le ordena ir a la ciudad de Nínive y proclamar un mensaje de juicio y arrepentimiento. Sin embargo, Jonás se rebela porque Nínive es un enemigo de Israel. Los ninivitas son un pueblo cruel y despiadado que oprime a Jonás y a su gente. Por eso, intenta huir del mandato de Dios embarcándose en un barco que va en dirección contraria. Pero, tras ser tragado por un gran pez, Jonás es llevado al arrepentimiento por Dios y se ve obligado a cumplir su misión. Entonces, para sorpresa de Jonás, el pueblo de Nínive, conocido por su maldad, responde a su mensaje arrepintiéndose de sus malos caminos. Dios, en su misericordia, perdona a los ninivitas y se abstiene de traer destrucción sobre ellos. Así, la historia de Jonás ejemplifica la elección de Dios sobre los pecadores y la seguridad del perdón y la redención, incluso para aquellos que parecen estar lejos de él.

De este modo, al abrazar su condición de escogidos, las personas en recuperación encuentran el valor para enfrentar su pasado, confrontar su adicción y buscar una vida de sanidad e integridad. Pueden hallar esperanza al saber que el perdón y la gracia de Dios no dependen de su capacidad para superar la adicción por sí mismos. Más bien, pueden confiar en que el amor de Dios es constante y siempre está con ellos en medio de sus pruebas.

Además, al ser liberados de la preocupación constante por cómo los ve Dios, quienes están en recuperación de la adicción pueden abrazar de todo corazón una nueva vida caracterizada por la gratitud y la humildad. Al confiar en que su redención es únicamente el resultado del favor inmerecido de Dios en Jesucristo, son liberados de la pesada carga de la autosuficiencia y la autocondenación. En lugar de esforzarse por ganarse su valor o demostrar su justicia, pueden descansar con plena certeza en el perdón y la gracia de Dios.

Parte 3: Compartir las buenas nuevas de la gracia y la recuperación

Esta nueva libertad de la autocondenación libera a quienes están en recuperación para anunciar el perdón y la gracia a otros. Ya no necesitan vivir atormentados por sus elecciones pasadas ni definirse por sus fracasos. En cambio, pueden reconocer con gratitud que estaban muertos en pecado, que Jesús vino a ellos y los rescató, y que, como consecuencia, han sido renovados por el mensaje transformador del perdón en el nombre de Jesucristo.

Tomemos nuevamente el ejemplo de Pablo. Pablo, también conocido como Saulo de Tarso, era un fariseo (una secta del judaísmo conocida por su estricta adherencia a la ley mosaica) y perseguidor de los primeros cristianos. Sin embargo, su vida da un giro radical cuando se encuentra con Jesús en el camino a Damasco. Cegado por una luz brillante y confrontado por el Cristo resucitado, Pablo experimenta una conversión profunda. A través de este encuentro, se le revela su error y, desde ese momento, confiesa a Jesús como el Hijo de Dios.

Después de su conversión, Pablo se convierte en uno de los misioneros cristianos más prolíficos e influyentes de la historia. Lleno de fervor y pasión, viaja extensamente, predicando el evangelio de Jesucristo, plantando iglesias y fortaleciendo la fe de los creyentes. Sus cartas, que constituyen una parte significativa del Nuevo Testamento, dan testimonio de su profunda reverencia por el evangelio y su compromiso de compartirlo con otros.

Dios obró a través de la predicación y la enseñanza de Pablo para impactar innumerables vidas durante su ministerio y en las generaciones posteriores. Con valentía, proclamó el mensaje de salvación por medio de Jesucristo, destacando la suficiencia de su sacrificio y el poder transformador de su gracia. Asimismo, los viajes misioneros de Pablo, su encarcelamiento y su martirio final son un testimonio del compromiso inquebrantable de Dios de llevar el evangelio de Jesucristo a todas las personas.

De la misma manera, Jesús también envía a quienes están en recuperación de la adicción, en el poder del Espíritu Santo, para anunciar el perdón y la gracia a otros dentro de la comunidad de recuperación. Como comprenden las luchas y los retrocesos que acompañan el proceso de recuperación, están listos para ofrecer apoyo, empatía y ánimo. Más importante aún, al haber experimentado la profundidad del perdón y la gracia de Dios, se convierten en embajadores del perdón de Jesús, actuando como instrumentos del Espíritu Santo para fomentar una cultura de compasión y perdón dentro de la comunidad de recuperación.

Al proclamar el perdón y la gracia en el nombre de Jesús, quienes están en recuperación participan en la

creación de un ambiente donde el juicio y la condenación son reemplazados por el consuelo y la compasión.
El Espíritu Santo los convierte en faros de esperanza
para aquellos que aún están en el camino de la sanidad, compartiendo sus propias experiencias y ofreciendo guía, apoyo, oraciones y aliento. De esta manera, la comunidad de recuperación se transforma en un
refugio donde las personas son animadas a ser autén-
ticas y vulnerables, con la seguridad de que serán recibi-
das con amabilidad y el perdón incondicional de Dios.

Adoptar una actitud de gratitud y humildad de
esta manera no solo transforma la vida de quienes se
recuperan de la adicción, sino que también tiene un
impacto profundo en la comunidad en general. A
medida que el Espíritu Santo obra en ellos, trayen-
do la gracia y el perdón de Dios a sus vidas, son testigos del poder transformador de la obra redentora
de Jesucristo. Sus testimonios sobre la gracia gratui-
ta de Dios y su elección se convierten en un faro de
esperanza para aquellos que aún están atrapados en
el dominio de la adicción, inspirándolos a buscar la
misma libertad y restauración.

Parte 4: La elección de Dios, la vocación y la recuperación de la adicción

Finalmente, la enseñanza de Lutero sobre la elección
de Dios también nos ayuda a comprender mejor el
propósito y la meta de nuestra vida en relación con la
recuperación. Cuando los predicadores de Dios nos
anuncian que hemos sido escogidos en Cristo para la
salvación, esa misma proclamación proporciona un

marco significativo para entender la recuperación de la adicción en el contexto de todo lo que se ha discutido hasta ahora. La doctrina cristiana de la elección recuerda a quienes luchan contra la adicción que son escogidos y amados por Dios, sin importar sus decisiones pasadas o sus luchas presentes. Esta comprensión infunde un profundo sentido de esperanza y propósito en el proceso de recuperación.

En la teología de Lutero, la elección no es solo un asunto de salvación individual, sino también un llamado a vivir la fe en el mundo. Este llamado, conocido como vocación, enfatiza que cada creyente tiene un papel y un propósito únicos en el plan redentor de Dios. Aplicando esta perspectiva a la recuperación de la adicción, las personas llegan a apreciar que su lucha contra la adicción no es un obstáculo para su vocación, sino más bien una oportunidad para madurar en la fe, experimentar un cambio personal y servir a otros. Como escribe Lutero:

> «A los ojos de Dios, es la fe la que hace santa a una persona; solo ella sirve a Dios, mientras que nuestras obras sirven a los demás. Aquí tienes toda bendición, protección y refugio bajo el Señor y, además, una conciencia gozosa y un Dios misericordioso que te recompensará cien veces más».[6]

Y dado que esto no puede enfatizarse lo suficiente, dentro del contexto de la recuperación de la adicción, la doctrina de la elección asegura a las personas que su adicción no define su identidad, sino que esta está determinada por la amorosa elección

---

[6] Ibid., pp. 406-407.

de Jesús, como él mismo dice: «No me escogieron ustedes a mí, sino que yo los escogí a ustedes...» (Jn 15:16). Esta verdad profunda ayuda a combatir los sentimientos de vergüenza, culpa e indignidad que a menudo acompañan a la adicción, liberando a las personas para que abracen su valor inherente como hijos de Dios.

Además, la realidad de su vocación dada por Dios fortalece a quienes están en recuperación para ver su sobriedad como una parte integral de su llamado en la vida. Su lucha contra la adicción se convierte en un catalizador para una reflexión más profunda, una maduración espiritual y un cambio personal. Pueden utilizar sus propias experiencias y aprendizajes para ayudar a otros que aún están atrapados en la adicción, cumpliendo así su vocación como instrumentos de la sanidad y la gracia de Dios.

En el libro de Rut, por ejemplo, Noemí, viuda y sin hijos, decide regresar a su tierra natal, Belén. Anima a sus nueras, Rut y Orfa, a quedarse en Moab y buscar nuevos esposos. Orfa al final decide quedarse, pero Rut se aferra a Noemí, pronunciando una de las declaraciones de lealtad más famosas de la Biblia: «No insistas en que te abandone o en que me separe de ti, porque iré adonde tú vayas y viviré donde tú vivas. Tu pueblo será mi pueblo, y tu Dios será mi Dios» (Rut 1:16).

El compromiso inquebrantable de Rut con Noemí demuestra su vocación, un llamado que surge del amor de Dios por ambas mujeres. Así, a pesar de los desafíos e incertidumbres que enfrentan, Dios sigue fortaleciendo a Rut, manteniéndola firme en su determinación de apoyar y animar a Noemí.

Al llegar a Belén, Rut asume la humilde tarea de espigar en los campos para proveer tanto para ella como para Noemí. Allí, se encuentra con Booz, un pariente del difunto esposo de Noemí. Booz muestra bondad y favor hacia Rut, permitiéndole espigar en sus campos y asegurando su seguridad y provisión.

A medida que avanza la historia, se hace evidente que la vocación de Rut va más allá de la mera supervivencia. Booz reconoce su carácter excepcional y su amor sacrificial por Noemí. Admira su integridad y su disposición para abrazar su nueva fe y comunidad. Luego, Booz se convierte en un instrumento clave en la obra de Dios para traer redención y restauración a Rut y Noemí.

Al final, Booz se casa con Rut, y juntos tienen un hijo llamado Obed. A través de esta unión, la vocación de Rut se extiende más allá de sí misma y de Noemí para convertirse en una fuente de bendición para toda la nación. Obed se convertiría más tarde en el abuelo del rey David, estableciendo a Rut como una antepasada de Jesucristo.

Esta combinación de la elección y la vocación de Dios, que finalmente conduce al nacimiento de nuestro Salvador, nos ofrece una poderosa perspectiva sobre la recuperación de la adicción. En la historia de Rut, las personas pueden ver que su recuperación no se trata solo de su bienestar personal, sino también de su llamado a ser instrumentos de Dios en el mundo. Su liberación de la adicción se convierte así en un testimonio del poder transformador de la gracia y la misericordia de Jesús, inspirando esperanza en otros que aún están encadenados por la adicción.

Esta comprensión también fomenta un sentido de responsabilidad y compromiso en el proceso de recuperación. Las personas reconocen que han sido dotadas con los dones del Espíritu Santo y que su camino hacia la plenitud no es solo para su propio beneficio, sino también para el bienestar de los demás. Este reconocimiento las impulsa a participar activamente en una comunidad de creyentes, buscando apoyo de un pastor u otros hermanos y hermanas en Cristo, y participando activamente en una comunidad de recuperación, ofreciendo apoyo, ánimo y compasión a quienes aún luchan. Como señala Lutero en su exposición del Salmo 147: «A menos que Dios cree con su Palabra, todo nuestro trabajo y esfuerzo son en vano... "Su Palabra", no nuestra mano; "su Palabra", no "nuestra técnica", es lo que hace y logra todas las cosas».[7]

Además, la comprensión de la elección y la vocación de Dios proporciona a quienes están en recuperación una base sólida para sostener su sobriedad. Con la seguridad de que han sido escogidos y llamados a una relación con Jesucristo, pueden depender de él para obtener fortaleza, dirección y resiliencia, confiando en que el Espíritu Santo los guiará a través de los desafíos y tentaciones que puedan encontrar en su camino hacia la sobriedad. Pueden confiar en que, sin importar el sendero que recorran, Dios los está guiando y conduciendo hacia la compañía de los ángeles, los arcángeles y toda la asamblea celestial en la resurrección para la vida eterna.

---

[7] Martín Lutero, «Commentary on Psalm 147», en *Luther's Works*, vol. 14, ed. Jaroslav Pelikan y Helmut T. Lehmann (Concordia Publishing House, 1958), pp. 124-125.

Así, a través de la proclamación de que son escogidos y amados por Dios, y con la ayuda de la teología de Martín Lutero, quienes están en recuperación pueden encontrar esperanza, fortaleza y propósito en su sobriedad. Son liberados para reconocer que su recuperación no está separada de su llamado, sino que es una parte integral de él, pues se convierten en instrumentos del perdón y la gracia de Dios. Esta comprensión, a su vez, fortalece a las personas en la fe para abrazar su identidad como hijos amados de nuestro Padre celestial, llamados a confiar en el poder sustentador de su amor y guía en Jesucristo todos los días de sus vidas.

Epílogo

Lo que comenzó como un reconocimiento de la paradoja inherente a la búsqueda de reconocimiento por nuestros logros se transforma en una profunda realización: la recuperación, en su sentido más verdadero, desafía los límites de la capacidad humana. Al concluir esta exploración, nos encontramos al umbral de una revelación: comprender que el premio elusivo no se encuentra en la victoria sobre la adicción, sino en el reconocimiento diario de nuestra dependencia de la gracia y la misericordia de Dios.

El sinuoso camino que hemos recorrido refleja el ritmo de una oración sincera, cada paso invocando gracia en medio de nuestras más profundas vulnerabilidades. La adicción, que alguna vez fue vista a través de la estrecha lente del fracaso moral, se reconfigura dentro del contexto compasivo de nuestra muerte y nueva vida en Jesucristo. De este modo, la teología deja de ser un ejercicio académico para convertirse en un bálsamo para el alma herida, guiándonos hacia la misericordia que trasciende el juicio y la gracia que supera la condenación.

A lo largo de esta odisea teológica, hemos confrontado la dura realidad de que la adicción no siempre se conquista. Más bien, a menudo se sobrelleva con una fe tenaz que se aferra a la promesa de un Dios que camina con nosotros en los valles de la desesperación.

Las reflexiones teológicas de este libro nos han invitado a redefinir la victoria, instándonos a cambiar nuestro enfoque de la erradicación de la lucha a la fortaleza que se encuentra al atravesarla. Hemos llegado a comprender que la recuperación no es una meta final, sino un reconocimiento continuo de nuestra dependencia de la gracia sustentadora de Dios.

Nuestra exploración de las narrativas bíblicas ha sido una lámpara que ilumina la experiencia humana universal de anhelar un premio inalcanzable. Las historias del hijo pródigo y del hombre atado, liberado por el toque de Cristo, se han convertido en espejos que reflejan nuestro deseo de restauración y redención. A través de estas narraciones, hemos sido testigos de la invitación divina a un banquete de misericordia, donde la vergüenza es reemplazada por el lenguaje compasivo de la gracia.

Al llegar al final de este examen teológico, nos encontramos en la encrucijada entre la rendición y la redención. Se ha revelado el poder transformador de la comunidad como un compañero esencial: una hermandad de muertos vivientes, cada uno luchando con su propio premio imposible. En la naturaleza sacramental de la recuperación, hemos descubierto una conexión profunda entre los elementos tangibles de la fe y la gracia intangible que fluye a través de ellos.

Es en esta gracia donde encontramos nuestra conclusión y abrazamos la paradoja de que la búsqueda de un premio imposible no es un ejercicio de futilidad, sino un testimonio del poder transformador de la Palabra de Dios cuando nos toma por completo. Sin embargo, seguimos lidiando con la tensión entre el anhelo de satisfacción, seguridad y éxito, y la humildad necesaria para reconocer nuestra dependencia de Dios. Es una danza entre la entrega y la fortaleza, entre reconocer nuestra debilidad y encontrar una resistencia perdurable en el amor infinito del Creador.

Al igual que el premio imposible en sí, el viaje no se cierra con un final ordenado y resuelto. Es una narrativa en constante desarrollo, una peregrinación continua que nos llama a explorar las profundidades de la gracia, la resiliencia y la siempre presente misericordia de Dios. En la conclusión de *El premio imposible*, nos queda la verdad resonante de que la recuperación no es un destino, sino un regreso perpetuo a lo divino, un reconocimiento diario de nuestra necesidad del Dios que nos encuentra en nuestros lugares de mayor quebranto.

Al alejarnos de estas páginas, que llevemos con nosotros los ecos de las reflexiones teológicas, los susurros de las narraciones bíblicas y la verdad perdurable de que el premio imposible no es un objetivo lejano, sino una realidad presente: un Dios que, en medio de nuestras luchas, nos ofrece el don inalcanzable de su amor insondable y su gracia inagotable.

Sobre el autor

Donavon Riley es padre, esposo y pastor luterano. Actualmente vive en un pueblo al borde de un gran bosque junto a su esposa, sus cinco hijos y su mastín inglés, Rachel. Cuando no está escribiendo artículos, poesía u oraciones inspiradas en el cristianismo anglosajón temprano, se le puede encontrar en uno de dos gimnasios entrenando artes marciales mixtas, o enseñando y entrenando de manera personalizada artes marciales mixtas a otros. También es autor de los libros **Crucifying Religion** *y* **The Withertongue Emails**. *Es coanfitrión del pódcast* **Banned Books** *y anfitrión de* **The Warrior Priest Podcast**.

www.ingramcontent.com/pod-product-compliance
Lightning Source LLC
Chambersburg PA
CBHW020408130626
46549CB00006B/2485